わかりやすい順番で

10 日 間

学び直し
高校英語

ELEC同友会英語教育学会
語彙指導研究部長

岡田順子

すばる舎

0 はじめに

読者の皆さまへ

　本書は、中学校で習う英語からは一歩進んで、「**もう少し発展した内容を英語で理解したり、発信したりしてみたい**」とお考えになっている、高校生、大学生、社会人の皆さんなど、すべての方々のために書かれたものです。

　いまだに「**高校英語って難しい**」という"神話"があるようですが、高校英語は、中学英語の基礎・基本がきちんと身についていれば、それほど難しい内容ではありません。

　例えば、高校で習う「過去完了形」は、中学校で習う「現在完了形」がきちんと理解され、書けたり言えたりするまでになっていれば、時制を「現在」から「過去」に変える、という違いだけであとは無理なく学べます。

　高校英語の最難関と言われる仮定法ですら、中学英語の「If〜, S ＋ V」という構文が定着していれば、それほど時間をかけずに理解することが可能です。

　学ぶ目的として、中学英語は身の周りのことを表現する力をつけるために学びますが、高校英語ではもう一歩踏み込んで、何かの問題について、自分の意見を言ったり書いたり、相手の意見を聞いたり読んだりするなど、**濃い内容のコミュニケーションができる**ようになることを目指します。

　したがって本書では、実際のコミュニケーションの場で使える英文を使用しています。本書を通じて言えたり書けたりするようになった英文を使って、ぜひいろいろと発信してみてください。

本書の特徴

本書の特徴は、まず第1に、「教科書順」ではない、「**役割順**」の構成です。標準的なカリキュラムをそのままなぞるのではなく、30年以上にわたる英語指導の経験から、一番わかりやすいと筆者が考える順番で高校英語を学びます。

具体的には第1日目で基礎固めとして5文型を学んだ後、「主語の書き方」、「補語の書き方」、「目的語の書き方」、「修飾部分の書き方」など、文型をつくるパーツに分けて、その**パーツごとに重点的に学ぶ**構成になっています。

第2に、先ほども触れたとおり、「**発信型**」の練習問題をたくさん用意してあります。昔、「難しい」と感じた分詞構文や仮定法でも自分を発信できるようになる。これが本書のゴールです。

また、本書は中学英語まではひととおり頭に入っている方を読者として想定してはいますが、冒頭に「**文法用語解説**」を設けておりますので、**記憶があやふやな方もご安心ください！**

本書は便宜上、10日間に学習を分けていますが、読者の方によっては、1日では終わらないもの、逆に1日かけずに簡単に終わってしまう日もあるかもしれません。1日の区切りを参考にして、読者の皆さんに合ったペースに調節していただければと思います。

高校英語をマスターしたいとお考えの皆さんが、本書を通じて、ご自分の英語をブラッシュアップできた！　と実感いただければ、これほどうれしいことはございません。

10days...

わかりやすい順番で
［１０日間］学び直し
高校英語　目次

1日目

英文の骨組み
動詞と５文型

2日目

中学英語から発展
さまざまな時制

3日目 ニュアンスを表す助動詞と受動態

4日目 主語の決め方つくり方

5 日目 補語の決め方 つくり方

6 日目 目的語の決め方 つくり方

10日目 2大難関を克服！仮定法

本文・カバーイラスト／大野文彰（大野デザイン事務所）
英文協力／Adrianne Verla

0 文法用語解説

　ここでは本書に登場する文法用語について、その意味や働きを総ざらいします。学習途中に詰まったときなどに参考にしてください。

文型に関する用語

主語
　文の中の「〜は」「〜が」に相当するところで、**動作主を表します**。

動詞
　英語の文章には必ず主語と動詞が含まれており、動詞は主語などに合わせて、さまざまな形に変化します。本書では、主語の後に置かれる（肯定文の場合）**述語動詞と同じ意味**で、「動詞」という語を使っています。助動詞＋動詞など、一語でないときも、「助動詞＋動詞」でひとつのかたまりとして、「動詞」と表現します。

補語
　主語や目的語の人や物が何であるか、どんな物であるか、どんな性格の物かなどを**説明する語句**です。

目的語
　動詞の後について、その動詞の**動作の対象となる語句**です。

修飾部
　主語、動詞、補語、目的語以外の語句で、その文に**情報をつけ加え**

る語句です。1語のこともあれば2語以上のこともあるので、修飾「部」と言っています。

品詞に関する用語

品詞とは、**簡単に言えば英語における語句の種類**のことです。

英語の文がひとつの制作物だとした場合、単語のひとつひとつは文をつくるための部品と言えます。私たちは、部品を種類ごとにうまく組み合わせて、正しい英文をつくらなければなりません。

この部品の種類は全部で10種類あり、お互いにうまくくっつくものとくっつかないものとがあります。

名詞

人や物事の**名前のこと**です。

例えば、teacher(先生), river(川), rose(バラ), rice(お米), computer(コンピュータ), happiness(幸福) などがあります。

5文型では主語、補語、目的語になることができます。

動詞

人や物事の**動作や状態**を表します。

run(走る), write(書く), have(持つ), know(知る) などの一般動詞とbe動詞とがあります。5文型の(述語)動詞の中心になる場合が多い語です。

形容詞

人や物事の**性質、様子などを表す語句**です。beautiful flower(美しい花)のように、名詞を修飾(説明)する役割をします。

また、This bag is heavy.(このかばんは**重い**)といったように補語にもなります。

11

副詞

名詞以外のものを修飾（説明）する語句です。

「場所」「時」「程度」「頻度」などを表します。

例えば、以下のように使います。

I went there.（**そこへ行く**）.

I always stay at home on Sundays（日曜日は**いつも**家にいる）.

代名詞

名詞を指して「**これは**」「**あれらは**」「**あなたは**」「**彼女らは**」などというときに使われる言葉です。名詞と同じ役割をするので、5文型で言えば、主語、補語、目的語になることができます。

冠詞

名詞の前につき、**その名詞が不特定の物か、特定の物かを**表します。

助動詞

動詞の前に置かれ、**動詞に話し手の気持ち、判断をプラスする**語句です。例としてはcan（できる）, may（かもしれない）, should（するべきである）などです。

前置詞

名詞や代名詞の前に置く語句で、日本語でいう「**てにをは**」です。

例としては、**in** summer（夏**に**）, **by** the door,（ドアのそば**に**）**at** 11:00（11時**に**）などです。

接続詞

単語と単語、文と文同士を**つなぐ役割をする語句**です。

例えば、以下のように使います。

English **and** math（英語と数学）

I got up early, **but** I couldn't catch the first train.

（私は早起きした**が**始発に乗ることはできなかった。）

Because it was raining hard, I was late for school.

（雨が激しく降っていた**ため**私は学校に遅れてしまいました。）

間投詞

Oh, Wow!, Ah など、**話し手の感情を表す語句**です。

名詞、名詞句、名詞節

2語以上の単語からなる**ひとつのまとまり**を「句」、または「節」と呼びます。句にはその中に主語と動詞がありませんが、節はその中に**主語と動詞がある**のが特徴です。

名詞、名詞句、名詞節を例にとって説明しましょう。

I don't know the man.
名詞

⟶ 私はその男を知りません。

I don't know what to say.
名詞句

⟶ 私は何と言ったらよいのかわかりません。

I don't know whether he is honest.
<u>名詞節</u>

➡️ 私は彼が正直かどうかわかりません。

what to say はこの中に主語と動詞がないので名詞句、whether he is honestは、主語と動詞があるので名詞節になります。

これらはどれも、knowのすぐ後についていることがわかります（5文型で言えば、目的語の役割をしています）。文中では名詞と同じように使います。

形容詞、形容詞句、形容詞節

句・節のルールは形容詞においても同じです。

I want to drink something cold.
<u>形容詞句</u>

➡️ 私は冷たい物が飲みたい。

形容詞は普通、a beautiful flowerのように、前から後ろの語を説明しますが、something, anything, nothingなど、thingで終わる名詞の場合は形容詞が**後ろから前の名詞を説明します**。

I have a lot of books to read.
<u>形容詞句</u>

➡️ 私は読むべき本がたくさんあります。

上の文も同様に、to readが後ろから前の名詞booksを説明しています。**主語動詞がないので、形容詞句**になります。

I have many pictures which were taken in Kyoto.

<u>形容詞節</u>

➡ 私は京都で撮られた写真をたくさん持っています。

また、上の文のwhich were taken in Kyotoも前の名詞pictures
を説明しています。

主語と動詞があるので、形容詞節になります。

副詞、副詞句、副詞節

句・節のルールは副詞においても同じです。

He gets up early.

<u>副詞</u>

➡ 彼は早く起きます。

上の文の副詞early（早く）は、動詞gets up（起きる）を説明してい
ます。

He went to New York to study art.

<u>副詞句</u>

➡ 彼は美術を勉強するためにニューヨークへ行った。

同じように上の文のto study art（美術を勉強するために）は動詞
went（行った）を説明しています。

主語動詞がないので、副詞句です。

He goes to school by bus <u>when it rains.</u>
副詞節

➡ 彼は雨が降っているときはバスで学校に行きます。

　また、上の文のwhen it rains（雨が降っているとき）は、動詞goes（行きます）を説明しています。

　主語・動詞があるので副詞節となります。

1日目

英文の骨組み 動詞と5文型

さあ、いよいよ高校英語の学び直しのスタートです。

第1日目となる今日は、英文を理解するには欠かせない動詞のおさらいと、これまでに習ってきた英文を5つの種類の文型、いわば骨組みに分解する学習をします。

どんなに複雑な英文でも、極論を言えば5つの文型のどれかには当てはまるようにできているのです。

今日はこれができるようになる！

- [ ] be動詞のシンプルな英文が書ける、言える。
- [ ] 一般動詞のシンプルな英文が書ける、言える。
- [ ] 文型に当てはめて正しい英文が書ける、言える。

① 動詞の使い分け

be動詞の文

　まず、下の英文を見てください。

　英語の文には、必ず、ひとつの「**主語**」と「**述語動詞**」がありますが、「述語動詞」の核である「動詞」は大きく２つに分けて、**be動詞**と**一般動詞**があります。

　ここでは、まず、be動詞の文について説明していきましょう。

　なお、各例文の語句の上に「主語」「動詞」「補語」「修飾部」といった名前がついていますが、これは後で学ぶ (P25) 英文の骨組み「文型」に関わるものです。のちほど解説します。

　　主語　　述語動詞　　　　　　補語
① **He　　is　　　an interpreter.**
　　➡ 彼は通訳です。

　　主語　　述語動詞　　　補語
② **He　　is　　　tired.**
　　➡ 彼は疲れています。

　述語動詞は以下、動詞と省略して書くこととします。

　上記のように、be動詞のひとつの役割は、主語と、主語を説明する補語とを**結ぶこと**です。He = an interpreter, He = tired の関係が成り立ちます。

　be動詞にはもうひとつ役割があります。

18

③ 主語 動詞 修飾部 修飾部
She is at home now.
➡️ 彼女は今、家にいます。

④ 主語 動詞 修飾部 修飾部
My sister was in Osaka yesterday.
➡️ 私の姉は昨日大阪にいました。

⑤ 主語 動詞 修飾部
My bag is on the table.
➡️ 私のかばんはテーブルの上にあります。

　このように、「**場所**」を表す修飾部を後ろにとり、「**〜にいます、あります**」という意味を表すことです。この場合はbe動詞を挟んでも、She = at home や My sister = in Osaka は、成り立ちません。

---

be動詞の役割

①イコールで結ぶ	②「いる」「ある」を表す
He is tired.	She is at home now.

彼 =

一般動詞の文

　それでは、もうひとつの一般動詞の文について考えてみましょう。

① 主語 動詞 修飾部
You sing very well.
➡️ あなたは上手に歌いますね。

② **Mr.Mori　eats　lunch　at 12:00.**

➡ 森さんは12時にお昼ごはんを食べます。

　以上のsingやeatsのように、**be動詞以外のすべての動詞を一般動詞**といって、「〜します」という意味を表します。

　したがって、この仲間の動詞は非常に多く、have(持つ), walk(歩く), study(勉強する), see(見る), visit (訪問する), wear (着る), feel (感じる) といったものがあります。

be動詞と同じ役割をする一般動詞

　一般動詞の中には、**be動詞と同じ役割をする**ものがあります。

主語　　　動詞　　　補語

① **You　look　happy.**

➡ あなたはうれしそうですね。

主語　　　動詞　　　　補語

② **She　became　a cook.**

➡ 彼女は料理人になりました。

　2つの文の動詞、look, becameをbe動詞に変えてみます。

主語　　　動詞　　　補語

③ **You　are　happy.**

主語　　　動詞　　　補語

④ **She　was　a cook.**

きちんと成立していますね。これは、2つの動詞がbe動詞と同じ役割であることを示しています（→P27の「第2文型」も参照）。

自動詞と他動詞

また一般動詞には、動詞の直後にその動詞の動作の対象となる目的語をとる他動詞と、何もとらない自動詞とがあります。

主語　　　　動詞

① **They　didn't move.**
➡ 彼らは動かなかった。

主語　　　動詞　　　　目的語

② **They　moved　the piano.**
➡ 彼らはピアノを動かした。

2つの文ではいずれもmoveが使われていますが、①はmoveの後に**何もついていないので自動詞**、②は、movedの動作の対象として、直後に**the piano**がきているので、**他動詞**です。

自動詞	他動詞
They didn't move.	They moved the piano.
目的語をとらない	目的語をとる

多くの動詞は、自動詞としても、他動詞としても使われますが、中には自動詞としてしか使われない動詞（go, wait, feelなど）や、他動詞としてしか使われない動詞（enjoy, bring, findなど）もあります。

21

特に、以下の他動詞は**自動詞と間違えやすい**ので、気をつけて使いましょう。

③
主語　　　動詞　　　　目的語

We　discussed　her proposal.

➡ 私たちは彼女の提案について話し合いました。

× discussed about her proposal

④
主語　　動詞　　　　目的語

I　attended　two meetings.

➡ 私は2つの会議に出席しました。

× attended for two meetings

⑤
主語　　　動詞　　　目的語

She　entered　my room.

➡ 彼女は私の部屋へ入りました。

× entered into my room

⑥
主語　　動詞　　　目的語

I　married　Kate.

➡ 私はケイトと結婚しました。

× married with Kate

状態動詞と動作動詞

また動詞には、**状態動詞**と**動作動詞**という区別もあります。

状態動詞とは、同じ状態が続いていくことを示した動詞のことで、動作動詞とは、まとまった1回の動作を表した動詞のことです。

　　　　主語　　　動詞　　　　目的語　　　　修飾部
① **I　　like　　sports　　very much.**
　➡ 私はスポーツがとても好きです。

　　　　主語　　　　動詞　　　　目的語　　　　　修飾部
② **She　writes　a letter　once a month.**
　➡ 彼女は月に一度手紙を書きます。

　①は「好きである」という状態が**一定の時間持続する**ことを表し、②は1か月ごとに繰り返される「書く」という動作が**1回ごとにまとまった動作**であることを示します。

　状態動詞には know, love, hope, want, remain, resemble などがあり、動作動詞には go, visit, play, study, walk, make, run などがあります。

　状態動詞は原則として進行形にはなりませんので、覚えておきましょう（P45）。それでは、今までのおさらいをしましょう。文法を再確認するドリルと、復習のための練習問題をご用意しました。

文法ドリル・1

　「be動詞の文」の①（P18）、「一般動詞の文」の①（P19）、「be動詞と同じ役割をする一般動詞」の②（P20）を、それぞれ否定文と疑問文にしましょう。その際、疑問文にはYesで答えましょう。

[解答]

「be動詞の文」の①
He isn't an interpreter. ／ Is he an interpreter? ／ Yes, he is.

「一般動詞の文」の②
You don't sing very well. ／ Do you sing very well? ／ Yes, I do.

「be動詞と同じ役割をする一般動詞」の②
She didn't become a cook. ／ Did she become a cook? ／ Yes she did.

括弧の中に1語ずつ入れて以下の日本語を英語に直しましょう。
答え合わせが終わったら、口に出して読んでみましょう。

　　　　主語　　　　動詞　　　　補語

1. (　　　) (　　　) (　　　).

→ あなたは疲れているように見えます。

　　　　主語　　　　動詞　　　　目的語　　　　修飾部

2. (　　　) (　　　) (　　　) (　　　) (　　　).

→ 私は毎週末(every weekend)、映画(movies)を観ます。

　　　　主語　　　　動詞　　　　修飾部　　　　修飾部

3. (　　) (　　) (　　) (　　) (　　) (　　).

→ 私の父は昨年(last year)、カナダ(Canada)にいました。

　　　　主語　　　　動詞　　　　　　修飾部

4. (　　　) (　　　) (　　　) (　　　) (　　　).

→ 私は公園で走ります。

---

② 英文の骨組み 5つの文型

第1文型 S+V

さて、ここからは5文型の学習です。英語の文章は、すべてこの5種類のどれかに分けられます。高校英語らしくなってきましたね。

それでは、まずは第1文型から一緒に見ていきましょう。

主語(S)　動詞(V)
① I　　walk.
　　　➡ 私は歩きます。

主語(S)　動詞(V)
② You　dance.
　　　➡ あなたは踊ります。

主語(S)　動詞(V)
③ Birds　fly.
　　　➡ 鳥は飛びます。

上記①、②、③の3つの英文は、**主語と動詞だけで成り立っています**。これが**第1文型**です。「S」と「V」がついていますね。英語で「主語」は Subject、「動詞」は Verb ということから、頭文字から主語を「S」、動詞は「V」と表すのが一般的なのです。

この文型での動詞は、P21で学んだ**自動詞が使われる決まり**です。

主語と動詞だけで成立する第1文型ですが、ほとんどの文では、「い

つ」「どこで」「どんなふうに」「なぜ」などを表す**修飾部**というパーツがつきます。

例文で見ていきましょう。

主語　　動詞　　　　修飾部(いつ)

④　**I　walk　every morning.**

➡ 私は毎朝歩きます。

主語　　　　動詞　　修飾部(どんなふうに)

⑤　**You　dance　very well.**

➡ あなたはとても上手に踊りますね。

主語　　　動詞　　修飾部(どこで)

⑥　**Birds　fly　in the sky.**

➡ 鳥は空を飛びます。

④の every morning は「**いつ**」を、⑤の very well は、「**どんなふうに**」を、⑥の in the sky は「**どこで**」を表していますが、このように、**存在しなくても文が成り立つ部分を修飾部**といいます。

修飾部はいくつでもつくことができますが、どんなにつこうと文型が変わることはなく④、⑤、⑥もすべて第1文型です。

I walk every morning.　5 6 7

S　V　　　　修飾部

主語の動作を修飾部が説明することがほとんど

第２文型 S＋V＋C

　次は第２文型です。第２文型には、動詞の後に**補語**というものがつきます。補語は、**主語が何であるか**を説明したり、**主語の人や物の性質**を説明したりする語のことです。英語で補語はcomplementということから、「C」と表すのが一般的です。

　この文型の動詞はbe動詞が一番多いですが、P20で見たように、一般動詞の中にもbe動詞と同じ役割をするものがあります。

　　　主語(S)　動詞(V)　　　補語(C)

① **I　　am　　a carpenter.**
　　➡ 私は大工です。

　　　主語(S)　動詞(V)　　　　補語(C)

② **They　　are　　baseball players.**
　　➡ 彼らは野球選手です。

　　　主語(S)　動詞(V)　　補語(C)

③ **You　　look　　hungry.**
　　➡ あなたはお腹がすいているように見えます。

第１文型とは異なり、補語がないと文が成立しません。
× I am.　× They are.　× You look.

　そして**動詞を挟んで主語＝補語の関係**が成り立ちます（I＝a carpenter, They＝baseball players, You＝hungry）。

　これが第２文型です。どこかで見た関係性だと思いませんか？

　そう、「be動詞の文（P18）」、「be動詞と同じ役割をする一般動詞（P20）」で見てきた例文はこの第２文型にあたります。

また、第2文型にも修飾部がつくことがあります（いくつでもつけられます）。

④ | 主語 | 動詞 | 補語 | 修飾部 |

④ **I　was　a taxi driver　for 30 years.**
　➡ 私は30年間タクシーの運転手でした。

They are baseball players.
　　S　　　V　　　　　C
動詞を挟んで主語＝補語が成り立つ

第2文型で使われる動詞は、be動詞以外に以下のようなものがあります。

「〜のままでいる」系（stay, remain, keepなど）

⑤ | 主語 | 動詞 | 補語 | 修飾部 |

⑤ **He　stayed　awake　all night.**
　➡ 彼は一晩中起きたままでいました。

⑥ | 主語 | 動詞 | 補語 | 修飾部 |

⑥ **It　will remain　cold　for a week.**
　➡ ここ1週間は寒いままでしょう。

⑦ | 主語 | 動詞 | 補語 | 修飾部 |

⑦ **We　kept　quiet　in the library.**
　➡ 私たちは図書館では静かにしていました。

「〜に見える」系（look, seem, appearなど）

主語　　動詞　　補語
⑧ **She seems sick.**
→ 彼女は病気のように見えます。

主語　　　動詞　　　補語
⑨ **The man appears rich.**
→ その男性はお金持ちに見えます。

「なる」系（become, get, grow, turnなど）

主語　動詞　　補語
⑩ **It got dark.**
→ 暗くなりました。

主語　　動詞　　補語
⑪ **She grew old.**
→ 彼女は年をとりました。

主語　　　動詞　　補語　　修飾部
⑫ **The leaves turn red in fall.**
→ 秋には葉が紅葉します。

五感系（taste, smell, sound, feelなど）

主語　　動詞　　補語
⑬ **This tastes hot.**
→ これは辛い味がします。

主語　　　　動詞　　　補語

⑭ **This rose　smells　sweet.**
➡️ このバラはいい香りがします。

主語　　　動詞　　　　補語

⑮ **That　sounds　great.**
➡️ それは素晴らしく聞こえます（それは素晴らしいですね）。

主語　動詞　　　補語　　　修飾部

⑯ **I　feel　good　today.**
➡️ 今日は気分がいいです。

　たくさんありますね。一度にすべてを覚えようとせず、使っていく中で少しずつ覚えていきましょう。
　それではここで、第1文型と第2文型のおさらいをしておきましょう。以下の問題を解いて理解度をチェックし、アウトプットができるようにしておきましょう！

文法ドリル・2

　「第1文型 S＋V」の⑤ (P26)、「第2文型 S＋V＋C」の② (P27)、⑤ (P28) をそれぞれ否定文と疑問文にしましょう。
　その際、疑問文にはYesで答えましょう。

[解答]

「第1文型 S＋V」の⑤
You don't dance very well. ／ Do you dance very well? ／ Yes, I do.

「第2文型 S＋V＋C」の②
They aren't baseball players. ／ Are they baseball players? ／ Yes, they are.

「第2文型 S＋V＋C」の⑤
He didnt' stay awake all night. ／ Did he stay awake all night? ／ Yes, he did.

括弧の中に1語ずつ入れて以下の日本語を英語に直しましょう。
答え合わせが終わったら、口に出して読んでみましょう。

　　　　主語　　　動詞　　　修飾部
1. (　　　) (　　　) (　　　) (　　　).

➡ 私は横浜に住んでいます。

　　　　主語　　　動詞　　　補語
2. (　　　) (　　　) (　　　).

➡ 私たちは静かな(silent)ままにしていました(kept)。

　　　　主語　　　動詞　　　補語　　　　　　　修飾部
3. (　　　) (　　　) a(　　　) (　　　) (　　　) (　　　).

➡ 彼女は10年前(ten years ago)、歌手(singer)でした。

　　　　主語　　　動詞　　　修飾部　　　　修飾部
4. (　　　) (　　　) to(　　　) (　　　) (　　　).

➡ 彼は学校に自転車で(by bike)行きます。

次は第3文型です。**動詞の動作の対象**として、目的語がつきます。
英語で目的語はObjectということから「O」と表します。

主語(S)　動詞(V)　　　　目的語(O)

① **I　bought　a computer.**

　➡ 私はコンピュータを買いました。

　　　主語(S)　　　動詞(V)　　　目的語(O)

② **My sister　met　her old friend.**

　➡ 私の妹は旧友に会いました。

　①の文では、「買った」という動作の対象となる「買われたもの」
は「コンピュータ」ですので、これが目的語になります。

　日本語に訳したときに、「〜を」「〜に」と訳されるもの、と覚えま
しょう。また、この文型の動詞は他動詞と決まっています。ほかの文
型と同じように、第3文型にも修飾部がつくことがあります。

主語　　　動詞　　　　目的語　　　　　修飾部

③ **I　cleaned　my room　yesterday.**

　➡ 私は昨日自分の部屋を掃除しました。

I bought a computer.

S　　　V　　　　　　O

動詞が目的語に作用する

32

第4文型は、**第3文型に目的語がひとつ増える**文型です。

　大雑把に言うと「主語の人が」「人に（目的語1）」「物を（目的語2）」「あげる／買ってあげる／つくってあげる／送ってあげる／見せてあげる」などという意味になります。

　　主語(S)　　動詞(V)　　目的語(人に)　目的語(物を)

① **I　　gave　　Tom　　a book.**

　➡ 私はトムに1冊の本をあげました。

　　　　　　　　主語(S)　　　　動詞(V)　　　目的語(人に)　目的語(物を)

② **My father　bought　　me　　a watch.**

　➡ 私の父は私に時計を買ってくれました。

I gave Tom a book.

S　　V　　O━━━━O

主語が目的語に目的語を与える

　他動詞の中には、目的語を2つとる動詞があり、**その語順は必ず「人に」「物を」でなければなりません。** もし、語順を変えたいときは、「物を」「to/for 人に」のように、「人に」の前にtoまたはforがつき、「S＋V＋O」の第3文型に修飾部がつく形になります。

　　主語　　動詞　　　目的語　　　修飾部

③ **I　gave　a book　to Tom.**

④ **My father　bought　a watch　for me.**

　ところで、どのようにして、to か for かを見分けるのでしょうか？

　これは厳密にはひとつひとつの動詞について覚えていくべきものなのですが、おおまかな区別の仕方をお教えしましょう。

「主語の人が何も手を加えないであげる」場合には to を（give, send, show など）、「主語の人が何か手を入れてあげる」場合には for を（buy, make, cook など）使う、と覚えておきましょう。

　さて、5文型の学習も残りひとつとなりました。

　その前に、第3文型と第4文型のおさらいをしましょう。

　以下の問題を解いてみましょう。

文法ドリル・3

「第3文型 S＋V＋O」の③（P32）、「第4文型 S＋V＋O＋O」の①（P33）、④（P34）を、それぞれ否定文と疑問文にしましょう。その際、疑問文には Yes で答えましょう。

［解答］

「第3文型 S＋V＋O」の③

I didn't clean my room yesterday. ／ Did you clean your room yesterday? ／ Yes, I did.

「第4文型 S＋V＋O＋O」の①

I didn't give Tom a book. ／ Did you give Tom a book? ／ Yes I did.

「第4文型 S＋V＋O＋O」の④

My father didn't buy a watch for me. ／ Did your father buy a watch for you? ／ Yes, he did.

練習問題・3

括弧の中に1語ずつ入れて以下の日本語を英語に直しましょう。
答え合わせが終わったら、口に出して読んでみましょう。

主語	動詞	目的語	修飾部

1. (　　　)(　　　)(　　　)(　　　)(　　　).

→ 私は中国語(Chinese)を毎日勉強します。

主語	動詞	目的語	目的語

2. (　　　)(　　　)(　　　)(　　　)(　　　).

→ 私の母は私にサラダ(salad)をつくってくれました(made)。

主語	動詞	目的語	目的語

3. (　　　)(　　　)(　　　) a(　　　).

→ 私は彼女にバッグを買ってあげました(bought)。

主語	動詞	目的語	修飾部

4. (　　　)(　　　)(　　　) on(　　　).

→ ケンは毎週日曜日にテニスをします。

[解答]

1. I study Chinese every day.

2. My mother made me salad.

3. I bought her a bag.

4. Ken plays tennis on Sunday.

さて、いよいよ第5の文型です。

今日の学習はこれが最後なので、もう一息頑張りましょう。

第5文型は、おおまかに言うと「**主語の人や物が**」「**目的語（O）を**」「**補語（C）と呼ぶ／補語（C）だと思う／補語（C）にする**」という意味を表します。

<table>
<tr><td>主語(S)</td><td>動詞(V)</td><td>目的語(O)</td><td>補語(C)</td></tr>
</table>

① **I   call   him   Taku.**

　　➡ 私は彼をタクと呼びます。

<table>
<tr><td>主語(S)</td><td>動詞(V)</td><td>目的語(O)</td><td>補語(C)</td></tr>
</table>

② **I   think   the book   interesting.**

　　➡ 私はその本が面白いと思います。

<table>
<tr><td>主語(S)</td><td>動詞(V)</td><td>目的語(O)</td><td>補語(C)</td></tr>
</table>

③ **The news   made   me   sad.**

　　➡ そのニュースは私を悲しくさせました。

第5文型の特徴は、**O＝Cの関係が成り立つ**ことです。①は him = Taku, ②は the book = interesting, ③は me = sad となります。

I call him Taku.
S　V　O　C

目的語＝補語が成り立つ

では、この構文でよく使われる動詞を例文と一緒にひととおり学んでおきましょう。たくさんありますが、ある程度パターンがあるので、それを利用して覚えていってください。

call 系
○をCと呼ぶ（call）、名づける（name）、○をCに選ぶ（elect）など

④ | 主語 | 動詞 | 目的語 | 補語 |

I　named　the dog　Pochi.
➡ 私はその犬をぽちと名づけました。

⑤ | 主語 | 動詞 | 目的語 | 補語 |

We　will elect　him　captain.
➡ 私たちは彼をキャプテンに選ぶでしょう。

think 系
○をCだと思う（think, consider）、○がCだとわかる（find）など

⑥ | 主語 | 動詞 | 目的語 | 補語 |

She　thinks　herself　a great artist.
➡ 彼女は自分のことを偉大な芸術家だと思っています。

⑦ | 主語 | 動詞 | 目的語 | 補語 |

I　found　the book　useful.
➡ 私はその本は役に立つとわかりました。

⑧ | 主語 | 動詞 | 目的語 | 補語 |

I　consider　her　honest.
➡ 私は彼女を正直だと思います。

make 系

○を C にする（make, get）、○を C のままにする（keep, leave）など

⑨

主語	動詞	目的語	補語
You	**must not get**	**your clothes**	**dirty.**

➡️ 洋服を汚してはいけません。

⑩

主語	動詞	目的語	補語
She	**left**	**the kettle**	**boiling.**

➡️ 彼女はやかんをわかしたままにしました。

⑪

主語	動詞	目的語	補語
He	**kept**	**his room**	**clean.**

➡️ 彼は自分の部屋をきれいなままにしていました。

それでは締めくくりとして、今日学習したことのおさらいです。

文法ドリル・4

「第5文型」の①（P36）、⑤、⑥（P37）を、それぞれ否定文と疑問文にしましょう。

その際、疑問文には Yes で答えましょう。

[解答]

「第5文型」の①

I don't call him Taku. ／ Do you call him Taku? ／ Yes I do.

「第5文型」の⑤

We won't elect him captain. ／ Will you elect him captain? ／ Yes, we will.

「第5文型」の⑥

She doesn't think herself a great artist. ／

Does she think herself a great artist? ／ Yes, she does.

練習問題・4

括弧の中に1語ずつ入れて以下の日本語を英語に直しましょう。
答え合わせが終わったら、口に出して読んでみましょう。

1. (　　主語　　)(　　動詞　　) the(　目的語　)(　補語　).
→ 私はそのドアを開けた(open)ままにしました(left)。

2. (　主語　)(　動詞　)(　目的語　)(　補語　).
→ 私たちは数学を難しい(difficult)とわかりました(found)。

3. (　　主語　　)(　　動詞　　)(　目的語　)(　補語　).
→ 私の祖母(grandmother)が私を美咲(Misaki)と名づけました。

4. (　　主語　　)(　　動詞　　)(　目的語　)(　補語　).
→ 私の父は夕食を準備しました(ready)。

[解答]

1. I left the door open.
2. We found math difficult.
3. My grandmother named me Misaki.
4. My father got dinner ready.

次の会話文を読んで、日本語の部分を英語に直し、括弧内に1語ずつ入れましょう。答え合わせが終わったら、全文を何度か声に出して読みましょう。

A: ① （私は神戸に行きました） during the summer vacation.

B: Oh, did you? You know, ② （私は神戸の出身です。）

A: Lucky you! You're from such a beautiful city.

B: Yes. I love Kobe.

A: I visited Ijinkan. ③ （私はそれがとても美しいとわかりました。）

　④ （私はそこでたくさんの写真を撮りました。）

　⑤ （私はあなたにおみやげを買いました。）

B: Oh, thank you.

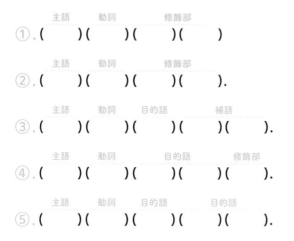

①. 主語（　　　）動詞（　　　）修飾部（　　　）（　　　）

②. 主語（　　　）動詞（　　　）修飾部（　　　）（　　　）.

③. 主語（　　　）動詞（　　　）目的語（　　　）補語（　　　）（　　　）.

④. 主語（　　　）動詞（　　　）目的語（　　　）修飾部（　　　）（　　　）.

⑤. 主語（　　　）動詞（　　　）目的語（　　　）目的語（　　　）（　　　）.

［解答］

①. I went to Kobe

②. I am from Kobe.

③. I found it very beautiful.

④. I took many pictures there.

⑤. I bought you a souvenir.

［章末問題全訳］

A:　私は夏休みの間に神戸に行きました。

B:　えーそうなの？　ええとね、私は神戸出身です。

A:　幸運な人ね。こんな美しい街の出身だなんて。

B:　はい、私は神戸が大好きです。

A:　私は異人館を訪れました。私はそれがとても美しいとわかりました。

　　私はそこでたくさんの写真を撮りました。

　　私はあなたにおみやげを買いました。

B:　おお、ありがとう。

2 日目

中学英語から発展 さまざまな時制

　さて、第 2 日目ですね。今日は中学英語でも学んだ、動詞の「時制」についてです。英語の時制の考え方は、日本語のそれとは違うので、適切な時制を使って英文を書くことは、英語という言語を理解するための大きなステップとなります。中学英語の範囲を忘れてしまった方も、復習しながら進めますので、ご安心ください。

今日はこれができるようになる！

☑ これまで学習した時制の文が書ける、言える。

☑ 未来進行形、過去完了形、未来完了形などについて、モデルさえあれば書ける、言える。

現在形と現在進行形

現在形

　現在形には、主に３つの役割があります。ひとつ目の役割は、主語の人や物の「**現在の状態**」を表すことです。

　　主語　動詞　補語
① **She　is　sick.**
　　➡ 彼女は病気です。

　　主語　　　動詞　　　　目的語
② **I　resemble　my mother.**
　　➡ 私は母に似ています。

　①は主語の She が「病気である」という状態を示し、②は主語のI が「母に似ている」という状態を表していますね。
　２つ目の役割は、現在繰り返されている「**主語の人の習慣**」を表すことです。

　　主語　動詞　　目的語　　　　修飾部
③ **I　play　tennis　on Sundays.**
　　➡ 私は毎週日曜日にテニスをします。

　③の文は、主語のI が「**日曜日ごとに習慣的にテニスをする**」ということを表しています。

現在形の最後の役割は、「**変わらない事実**」を表すことです。

主語　　　動詞　　　修飾部
④ **The sun　rises　in the east.**
　　➡ 太陽は東からのぼります。

太陽が東からのぼるというのは「**変わらない事実**」ですから、現在形で表します。

現在進行形

現在進行形は、「**be動詞＋一般動詞のing形**」でひとつの動詞（述語動詞）をつくります。英語の文には、ひとつの主語と動詞があると言いましたが、「一般動詞のing形」は「現在分詞」と呼ばれ、**動詞の役割をしません**。文の動詞の役割を果たしているのはbe動詞です。現在進行形は、「今現在まさに～しているところです」という、**現在において進行中の動作**を表します。

主語　　　動詞　　　目的語　　修飾部
① **He　is playing　soccer　now.**
　　➡ 彼は今サッカーをしているところです。

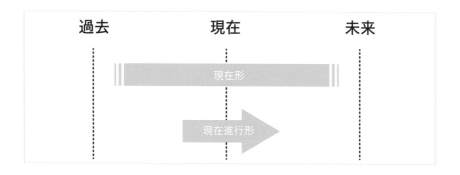

45

2 過去形と 過去進行形

過去形

　過去形の用法は大きく分けて2つあります。最初は、皆さんが英文をつくる上で、よく使っているものではないでしょうか?

　　　　主語　　　　　動詞　　　目的語　　　　修飾部
① **My family　visited　Kyoto　last summer.**
　➡ 私の家族は昨年の夏、京都を訪れました。

　　　主語　動詞　　　　修飾部　　　　　　修飾部
② **I　went　to Australia　last year.**
　➡ 私は昨年オーストラリアに行きました。

　これらの過去形は**「過去に1回だけ起きた出来事」**を言うために使われています。2つ目は以下のような使い方です。

　　　　主語　　　　動詞　　　　目的語　　　　　修飾部
③ **We　played　the guitar　on Sundays.**
　➡ 私たちは日曜日にはギターを弾きました。

　　　　主語　　　　　動詞　　　　目的語　　　　　修飾部
④ **They　watched　movies　every weekend.**
　➡ 彼らは毎週末には映画を見ました。

46

③、④は「**過去において繰り返された習慣**」を表す用法です。

③は、ギターを弾くという動作が日曜日ごとに行われ、④は、映画を見るということが、週末ごとに繰り返されたことを示します。

過去進行形

過去進行形は「**過去のある時点でまさに進行中だった動作**」を表します。現在進行形の過去バージョンなので、形は「**was/were＋一般動詞のing形**」となります。

　　　主語　　　　　動詞　　　　目的語　　　　　　　修飾部

① **I was watching TV when my mother came home.**

　　➡ 私は母が帰ってきたとき、テレビを見ていました。

　　　主語　　　　　動詞　　　　目的語　　　　　　　修飾部

② **My brother was playing games at about 9:00 last night.**

　　➡ 私の弟は昨晩９時ごろにはゲームをしていました。

①は、「母が帰ってきた」時点で、「私はテレビを見ているところだった」という**過去に進行中の動作**を表します。②も「昨晩９時ごろ」の時点で「私の弟がゲームをしている最中だった」ことを表します。

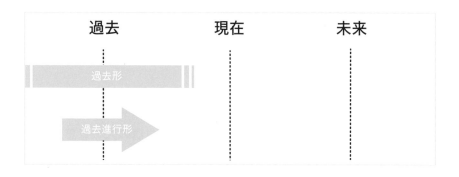

過去	現在	未来
過去形		
過去進行形		

47

3 未来の文と 未来進行形

未来の文

未来のことを表す英文をつくるときには、2つの方法があります。

willを用いる場合

willは助動詞なので（P70参照）、動詞の前に置かれて、動詞とともに述語動詞をつくります。助動詞の後にくる語は動詞の原形です。「～でしょう」「～するつもりです」などの未来のことを表します。

主語　　動詞　　　　補語　　　　　修飾部
① **It will be cloudy tomorrow.**
　　➡ 明日は曇りでしょう。

主語　　　動詞　　　　目的語　　　修飾部
② **I will study English harder.**
　　➡ 私はもっと一生懸命英語を勉強するつもりです。

主語　　動詞　　　　修飾部　　　　修飾部
③ **I will go there with you.**
　　➡ 私はあなたと一緒にそこへ行くでしょう。

①は、放っておいても明日の曇りの日は自動的にやってくることから「**単純未来**」を表し、それに対し、②と③は主語の人の意思が反映されていることから「**意思未来**」と呼ばれています。ただし、これら

の意思は、比較的短い間につくられた意思とみなされます。

 be going toを用いる場合
「**be going to 動詞の原形**」で「〜するつもりです」「〜する予定です」という未来のことを表します。

　　主語　　　　　動詞　　　　　　　　　　　　修飾部
④　I am going to stay with my host family in the Philippines.
　　➡ 私はフィリピンでホストファミリーの家に滞在する予定です。

　　主語　　　　　動詞　　　　　目的語　　　　　　修飾部
⑤　She is going to leave Japan the day after tomorrow.
　　➡ 彼女はあさって日本を出発する予定です。

　④も⑤も「〜する予定です」の意味ですが、will と比べると、前もってその計画をきちんと立てていた、というニュアンスがあります。

未来進行形

　未来進行形は、未来のある時点において、進行中である動作を表します。形は「**will be ＋一般動詞のing形**」になります。

　　主語　　　　　動詞　　　　　目的語　　　　　修飾部
①　I will be enjoying fishing at this time tomorrow.
　　➡ 私は明日の今ごろは釣りを楽しんでいるでしょう。

　　主語　　　　　動詞　　　　　目的語　　　　　修飾部
②　She will be eating dinner at 7:00 tomorrow.
　　➡ 彼女は明日の7時には夕食を食べているところでしょう。

①は、「**明日の今ごろという未来の時点**」において、主語である「私」が釣りを楽しんでいるところ、という**進行中の動作**を表します。

②は、「**明日の7時という未来のある時点**」で、主語の「彼女」が夕食を食べているところ、という進行中の動作を表します。

それでは、これまでのおさらいです。

文法ドリル・1

「現在形」の①（P44）、「過去形」の④（P46）、「未来の文」の②（P48）を、それぞれ否定文と疑問文にしましょう。

その際、疑問文にはYesで答えましょう。

［解答］

「現在形」の①

She isn't sick. ／ Is she sick? ／ Yes, she is.

「過去形」の④

They didn't watch movies every weekend. ／

Did they watch movies every weekend? ／ Yes, they did.

「未来の文」の②

I won't study English harder. ／ Will you study English harder? ／ Yes, I will.

括弧の中に1語ずつ入れて以下の日本語を英語に直しましょう。
答え合わせが終わったら、口に出して読んでみましょう。

1. 　　主語　　　動詞　　　目的語　　　修飾部　　　修飾部
(　)(　)(　) a(　) in the(　) then.
➡ そのとき(then)私は図書館で本を読んでいました。

2. 　　　　主語　　　　　　動詞　　　　　修飾部　　　修飾部
My sister (　)(　)(　)(　)Australia next year.
➡ 私の妹は、来年オーストラリアに行く予定です。

3. 　　主語　　　　動詞　　　修飾部
The(　)(　)(　)the(　).
➡ 月は地球の周りをまわっている(go around〜)。

4. 　　主語　　　動詞　　　　　修飾部
(　)(　)(　) about my(　)(　).
➡ 私は私のホストファミリーについて話します。

5. 　　主語　　　動詞　　　修飾部　　　修飾部
(　)(　)(　) in the pool(　).
➡ 彼は今プールで泳いでいるところです。

[解答]

1. I was reading a book in the library then.

2. My sister is going to go to Australia next year.

3. The moon goes around the earth.

4. I will talk about my host family.

5. He is swimming in the pool now.

現在完了形と
現在完了進行形

現在完了形の経験用法

　ここからは現在、過去、未来それぞれの**完了形**についてです。

　皆さんにも比較的なじみ深い現在完了形から見ていきます。完了形には、3つの用法があります。**経験用法、継続用法、完了用法**です。

　まず、経験用法は「**have + 過去分詞**」を使って、「**（今までに）〜をしたことがある（ない）**」を表します。

　　　主語　　　動詞　　　　目的語　　修飾部
① **I have met him once.**
　→ 私は彼に一度会ったことがあります。

　　　主語　　　　動詞　　　　　目的語　　　　　修飾部
② **He has watched the movie before.**
　→ 彼は以前その映画を観たことがあります。

　①の文には「一度」を表すonceがついていますが、「2回」はtwice,「3回」はthree times, 以下、four times, five timesと増えていきます。

　②のように、「before」と一語書いて終了させることも可能です。

　　　主語　　　動詞　　　　　修飾部　　　　　修飾部
③ **I have been to Sydney twice.**
　→ 私は二度シドニーに行ったことがあります。

③のように、「～へ行ったことがあります」と言いたいときは「have gone to～」ではなく、「**have been to～**」を使います。「have gone to～」というと、「～へ行ってしまった（ので今ここにいない）」という意味になってしまいます。

経験用法の否定文では、「haven't」を使わず、「**have never～**」とします。

主語	動詞	目的語	修飾部

④ **I have never eaten sushi before.**
➡ 私は以前寿司を食べたことがありません。

疑問文では、「**ever**」を入れて、「今までに」という意味をつけ足します。

主語	動詞	目的語

⑤ **Have you ever read the book?**
➡ あなたはその本を読んだことがありますか？

現在完了形の継続用法

次の用法は継続用法です。

主語	動詞	修飾部	修飾部

① **I have lived here for 10 years.**
➡ 私はここに10年間ずっと住んでいます。

主語	動詞	目的語	修飾部

② **I have known him since he was a child.**
➡ 私は彼を子供のころからずっと知っています。

継続用法は「**過去のある時点から発生した状態**」が今もずっと続いていることを表します。ここで使われる動詞は状態動詞（P22〜23）であり、動作動詞は後述する現在完了進行形で使われます。

▎現在完了形の完了用法

　3つ目は完了用法です。

　　　　　　主語　　　　　　　　　　動詞
① **The game　has already started.**
　　➡ その試合はもうすでに始まっています。

　　　　　　主語　　　　動詞　　　　　　目的語
② **I　have just eaten　lunch.**
　　➡ 私はちょうどランチを食べたところです。

　①は、has と過去分詞の間に already(もうすでに) を入れて、「**(今では) もうすでに〜してしまっている**」という意味になります。
　②もやはり、have と過去分詞の間に just(ちょうど) を入れ、「**(今)ちょうど〜したところです**」という完了の表現になります。

　　　　　　主語　　　　　　動詞　　　　　　目的語　　　　修飾部
③ **We　haven't read　the book　yet.**
　　➡ 私たちはまだその本を読んでいません。

　　　　　　主語　　　　　　動詞　　　　　修飾部　　　　　　修飾部
④ **Have you　arrived　at the station　yet ?**
　　➡ あなたはもう駅に着いてしまいましたか？

完了用法の否定文は、alreadyやjustは使わず、③のように文の最後にyet（まだ）という語を置いて**「まだ〜していない」**という表現にすることが多いです。

疑問文もalready, justは取って、最後にyet（もう）という語を入れて、**「もう〜してしまいましたか？」**の意味を表すようにすることが多いです。このように、yetは否定文では「まだ」、疑問文では「もう」という意味になるので注意してください。

現在完了進行形

最後に現在完了進行形です。

主語	動詞	目的語	修飾部

① **I have been studying English for three hours.**
➡ 私は３時間ずっと英語を勉強し続けています。

主語	動詞		修飾部

② **It has been raining since Monday.**
➡ 月曜日から雨がふり続いています。

「have been ＋〜ing」の形をとり**「（過去のある時点から今にいたるまで）ずっと〜し続けています」**の意味を表します。また、現在完了進行形で使われるのは動作動詞（P22〜23）だけです。

主語	動詞	目的語	修飾部

③ **I have studied English for three years.**
➡ 私は英語を３年間勉強しています。

①の現在完了進行形と③の現在完了形の文は似ているようですが、

何が違うのでしょうか。

①は「英語を勉強している」という動作が「**3時間途切れずに続いている**」ことを表し、③は断続的ではあるけれども、「**3年間英語を勉強する**」ということが繰り返し行われてきたことを表します。

では、ここでおさらいをしましょう。

文法ドリル・2

「現在完了形の経験用法」の①（P52）、「現在完了形の継続用法」の①（P53）、「現在完了形の完了用法」の②（P54）を、それぞれ否定文と疑問文にしましょう。

その際、疑問文にはYesで答えましょう。

［解答］

「現在完了形の経験用法」の①
I have never met him before. ／ Have you ever met him before? ／ Yes, I have.

「現在完了形の継続用法」の①
I haven't lived here for 10 years. ／ Have you lived here for 10 years? ／ Yes, I have.

「現在完了形の完了用法」の②
I haven't eaten lunch yet. ／ Have you eaten lunch yet? ／ Yes, I have.

括弧の中に1語ずつ入れて以下の日本語を英語に直しましょう。
答え合わせが終わったら、口に出して読んでみましょう。

2日目

中学英語から発展 さまざまな時制

```
       主語        動詞       目的語       修飾部
1. (    )(    )(    )(     )(    )a(    )(    ).
```
➡ 私は彼女を長い間(for a long time)愛しています。

```
       主語        動詞        目的語
2. (    )(    )(    )(    ) his(    ).
```
➡ 彼はちょうど彼の仕事(work)を終えるところです。

```
       主語        動詞        修飾部         修飾部
3. (    )(    )(    )(    )(    )(    )(    )two hours.
```
➡ 私は彼女を2時間待ち(wait for)続けています。

```
       主語        動詞        目的語
4. (    )(    )(    )(    ) the(    ).
```
➡ 彼はギターを弾いたことがないです。

〔解答〕

1. I have loved her for a long time.

2. He has just finished his work.

3. I have been waiting for her for two hours.

4. He has never played the guitar.

⑤ 過去完了形と 過去完了進行形

過去完了形の経験用法

過去完了形は「**had＋過去分詞**」の形をとり、現在完了形と同じく３つの用法があります。まずは経験用法から見ていきましょう。

①
| 主語 | 動詞 | 修飾部 | 修飾部 |

I had been abroad three times before I became a college student.

➡ 私は大学生になる前に３回海外へ行ったことがありました。

②
| 主語 | 動詞 | 目的語 | 修飾部 |

Bob had never eaten sushi before he came to Japan.

➡ ボブは日本に来る前は寿司を食べたことがありませんでした。

③
| 主語 | 動詞 | 目的語 | 修飾部 |

Had you ever studied kanji before you entered school?

➡ あなたは学校に入る前に漢字を勉強したことがありましたか？

過去完了形の経験用法は、「**（ある過去の時点で）〜したことがあった**」という意味を表します。

否定文は「had not」とはならず、「**had never ＋過去分詞**」の形をとります。疑問文には 「ever」を入れて、「そのときまでに」という意味を添えます。

過去完了形の継続用法

次も現在完了形と同じく、継続用法です。

　　　主語　　　動詞　　　目的語　　修飾部　　　　　　　　　修飾部
① **She had known him for 5 years when she married him.**
　➡ 彼女は彼と結婚したときは彼を５年間知っていました。

　　　主語　　　動詞　　　修飾部　　　　修飾部　　　　　　　修飾部
② **They had lived in Japan for three years when they moved to Paris.**
　➡ パリに引っ越したときには、彼らは日本に３年間住んでいました。

　過去完了形の継続用法は、「**（過去のある時点で）ずっと〜し続けていました**」という過去における状態の持続を表します。①は「（結婚した、という過去の時点で）彼女は彼を５年間ずっと知っていた」ということを表し、また、②では、「（パリに引っ越したという過去の時点で）彼らは３年間日本にずっと住んでいた」ということを表します。

過去完了形の完了用法

　過去完了の完了用法は、「**（過去のある時点までに）もうすでに〜してしまっていた**」という意味を表します。

　　　主語　　　　　　動詞　　　　　　　　　修飾部
① **The train had already left when I reached the station.**
　➡ 私が駅に着いたとき、電車はもう出発してしまっていました。

　①は、「私が駅に着いたとき」という過去の時点までに、「電車はもう出発してしまっていた」ということを表します。

②
主語	動詞	修飾部	修飾部

The game had not started yet when I got there.

➡ 私がそこに着いたとき、その試合はまだ始まっていなかった。

③
主語	動詞	目的語	修飾部	修飾部

Had you finished your homework yet when I called you?

➡ 私があなたに電話したとき、あなたはもう宿題を終えていましたか?

　②は、完了用法の否定文ですが、現在完了形の完了用法否定文と同様、already を取って、yet(まだ) を入れて、「**(過去のある時点までに) まだ〜していなかった**」ということを表します。

　③の疑問文も、現在完了形の完了用法疑問文と同じように、already を取って yet(もう) をつけ加え、「**(過去のある時点では) もう〜してしまっていましたか?**」を表します。yet の意味が**否定文では「まだ」、疑問文では「もう」となる**ことに注意しましょう。

④
主語	動詞	目的語	修飾部

I lost my watch which I had bought in Paris.

➡ 私はパリで買った時計をなくしました。

　過去完了形では、**過去よりもさらに過去のこと** (「大過去」といいます) を表すことができます。
　④にある「時計をなくした」のは過去のことですが、「時計をパリで買った」のは、もっと過去のことなので、こちらに大過去を表す「had bought」を使って過去完了形をつくります。

過去完了進行形

主語	動詞	目的語	修飾部	修飾部

① **I had been writing a report for three hours when you called me.**

➡ あなたが私に電話してきたとき、私は3時間レポートを書き続けていました。

過去完了進行形は、「**had been ＋〜ing**」という形をとります。

①の文においては、「あなたが私に電話してきたとき」という過去の時点まで「ずっとレポートを書いていた」ということを表します。

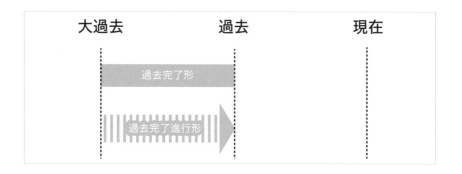

⑥ 未来完了形

未来完了形の経験用法

未来完了形は、「**will have** ＋ **過去分詞**」の形をとり、現在完了形、過去完了形と同じく３つの用法で、さまざまな未来の時点での文をつくります。まずは経験用法です。

主語	動詞	目的語	修飾部	修飾部

① **I will have visited Hokkaido three times if I go there again.**
　➡ もし再び行けば、私は北海道を３回訪れたことになります。

未来のある時点において「〜したことがあるだろう」と言いたいときに使います。①では、「北海道に再び行く」という未来のある時点において、「**私は北海道に３回行ったことがある**」ことを表します。

未来完了形の継続用法

主語	動詞	補語	修飾部	修飾部

① **We will have been married for 10 years next month.**
　➡ 来月で私たちは１０年間結婚していることになる。

未来のある時点において、「ずっと〜し続けているだろう」と言いたいときに使うのが、継続用法です。
　①の文は、「来月」という未来のある時点において、「**婚姻状態が10年間続いていることになる**」、ということを表しています。

未来完了形の完了用法

　未来のある時点で、「もうすでに〜してしまっているだろう」と言いたいときには、完了用法を使います。

主語　　　　　　　　　　動詞　　　　　　　　　　　修飾部

① **The game will have already finished by three o'clock.**

➡ その試合は3時までにはもうすでに終わっているだろう。

　①は、「3時」という未来のある時点において、「**試合はもうすでに終わってしまっているだろう**」ということを表します。現在完了形と同様に、have と過去分詞の間に「already」を入れることが多いです。

　それでは次ページから、ここまでのおさらいをしていきましょう。

括弧の中に1語ずつ入れて以下の日本語を英語に直しましょう。
答え合わせが終わったら、口に出して読んでみましょう。

| 主語 | 動詞 | 目的語 | 修飾部 | | 修飾部 |

1. I ( )( )( )( )( ) before I became twenty.

➡ 私は20歳以前に着物(kimono)を3回着た(worn)ことがありました。

| 主語 | 動詞 | 目的語 | 修飾部 | | 修飾部 |

2. Bob ( )( )( )( )( )five hours when Tom called him.

➡ トムがボブに電話したとき、彼は5時間ずっと日本語を勉強していました。

| 主語 | 動詞 | 補語 | 修飾部 | 修飾部 |

3. We ( )( )( )( )( ) for( )( ) this March.

➡ 私たちはこの3月で6年間ずっと親友だったことになります。

| 主語 | 動詞 | 目的語 | 修飾部 | 修飾部 |

4. He ( )( )( ) his( )( ) when I came back.

➡ 私が戻ったとき、彼はまだ自分の部屋を掃除していなかった。

[解答]

1. I had worn kimono three times before I became twenty.

2. Bob had been studying Japanese for five hours when Tom called him.

3. We will have been good friends for six years this March.

4. He had not cleaned his room yet when I came back.

次の会話文を読んで、日本語の部分を英語に直し、括弧内に1語ずつ入れましょう。答え合わせが終わったら、全文を何度か声に出して読みましょう。

Kumi: Hi, Bob. You look happy.

Bob: ①（来月弟が日本に来る予定なんだ。）

② （浅草を案内しようと思う。）

Kumi: That sounds great.

Do you have any idea about what to have for lunch?

Bob: Well, I have no idea.

Kumi: ③（もんじゃ焼きって食べたことある？）

Bob: No, I haven't. What's it like?

Kumi: It's like okonomi-yaki. You should try it.

Bob: Sounds great.

show 人 around 場所：人に場所を案内する

①.
主語（　　）動詞（　　）（　　）（　　）修飾部（　　）修飾部（　　） to（　　） next month.

②.
主語（　　）動詞（　　）目的語（　　）修飾部（　　）（　　）Asakusa.

③.
主語（　　）動詞（　　）（　　）目的語（　　） monja-yaki?

［解答］

①. My brother is going to come to Japan next month.

②. I will show him around Asakusa.

③. Have you ever eaten monja-yaki?

　次の会話文を読んで、日本語の部分を英語に直し、括弧内に1語ずつ入れましょう。答え合わせが終わったら、全文を何度か声に出して読みましょう。

～ In front of the theater ～

Kumi:　You are so late, Bob. What happened?

　　　　④（その劇 [the play] はもう始まっているわよ。）

Bob:　　When I got to the station, I realized

　　　　⑤（僕はチケットを家に置き忘れ [left] た。）

　　　　So, I asked my mother to bring it to me.

Kumi:　⑥（劇の最初の30分を見逃した [missed] わ。）

　　　　Let's hurry. It's still worth watching it.

Bob:　　Yes, I know. If I see the play, ⑦（3回見たことになるからね。）

④.　主語（　）動詞（　）（　）（　）（　）.

⑤.　主語（　）動詞（　）目的語（　）my（　）修飾部 at home.

⑥.　主語（　）動詞（　）the first（　）目的語（　）of the play.

⑦.　主語（　）動詞（　）（　）目的語（　）it 修飾部（　）（　）.

1.

Kumi： こんにちは、ボブ。うれしそうね。

Bob： 来月弟が日本に来る予定なんだ。

　　　浅草を案内しようと思う。

Kumi： それは素晴らしいわ。

　　　ランチに何を食べたらよいか、考えがある？

Bob： ええと、考えはないなあ。

Kumi： もんじゃ焼きって食べたことある？

Bob： いや、ないよ。それってどんなふうなの？

Kumi： お好み焼きみたいなの。

Bob： それは素晴らしいね。

2.

（〜劇場前で〜）

Kumi： とても遅いわ、ボブ。何があったの？

　　　その劇はもう始まっているわよ。

Bob： 駅に着いたとき気がついたんだ、チケットを家に置き忘れたことに。

　　　だから、母にそれを持ってきてくれるように頼んだんだ。

Kumi： 劇の最初の30分を見逃したわ。

　　　いそぎましょう。まだ見る価値はあるわ。

Bob： わかってるよ、もしその劇を見たら、

　　　3回見たことになるからね。

3日目

ニュアンスを表す
助動詞と受動態

　3日目は助動詞と受動態について学びます。

　助動詞は話し手の心理や判断を表し、受動態は目的語を話題の中心にしたいときに使います。

　どちらも英文で微妙なニュアンスを表すときに用いられる、とても大切なものです。使いこなすことができるよう、頑張って学習に取り組んでください。

今日はこれができるようになる！

- ☑ 助動詞で伝えたいニュアンスを調節できる。
- ☑ 助動詞の完了形を使って、気持ちを伝えられる。
- ☑ 基本的な受動態の文を書ける、言える。

助動詞に共通するルール

助動詞を使うことで、話し手が「こうしよう」「こうかもしれない」「こうしなければいけない」と**頭の中で考えていること**を表現できます。まずはじめに、助動詞である will, can, may, must などに共通したルールを復習しておきましょう。

ルールその1

助動詞は動詞の前について、後ろの動詞に何らかの意味をつけ加えるものである。**このときの動詞の形は必ず原形である。**

	主語	動詞	目的語	修飾部

① **We must eat vegetables for our health.**
　➡ 私たちは健康のために野菜を食べなければなりません。

①の文では、助動詞 must（〜しなければならない）が動詞の前についており、must の後ろの動詞は原形です。例として、must を挙げましたが、助動詞はすべてこのルールにのっとって使われます。

ルールその2

助動詞に三人称単数現在のsはつかない。

例えば現在形の文をつくるとき、He, She などの三人称単数が主語になったからといって、**一般動詞のようにsはつけません。**

　× 　He cans speak English.

ルールその３

助動詞の否定文は、助動詞の後にnotをつけ（省略形にすることもある）、助動詞の疑問文は、助動詞を主語の前に出す。

主語	動詞	目的語	修飾部

② I cannot speak　Spanish　fluently.

➡ 私はスペイン語を流ちょうには話せません。

主語	動詞	目的語	

③ Can I　have　some more coffee?

➡ もう少しコーヒーをいただけますか？

Yes, you can.　No, you cannot.

ルールその４

助動詞をひとつの文に２つ使うことはできない。

主語	動詞	目的語	修飾部

④ I　will be able to speak　Spanish　soon.

➡ 私はまもなくスペイン語が話せるようになるでしょう。

主語	動詞	目的語	修飾部

× I　will ~~can~~ speak　Spanish　soon.

　それでは、これらのルールを踏まえ、助動詞をひとつひとつ見ていきましょう。

能力を表す助動詞

助動詞 can と be able to は「**〜することができる**」という能力を表すときに使います。

① 主語　　動詞　　　目的語　　　修飾部
She　can draw　pictures　very well.
→ 彼女はとても上手に絵を描くことができます。

② 主語　　　　動詞　　　　修飾部
Tom　is able to swim　fast.
→ トムは速く泳ぐことができます。

また、それぞれを過去形にすると、

③ 主語　　　動詞　　　　目的語　　　修飾部
She　could draw　pictures　very well.
→ 彼女はとても上手に絵を描くことができました。

④ 主語　　　　動詞　　　修飾部
Tom　was able to swim　fast.
→ トムは速く泳ぐことができました。

以上のように、「**(過去の時点では)〜することができました**」という「過去の能力」を表すことができます。

canとmayは、「**〜してもよい**」という許可を表すことができます。

①
　　　主語　　　　動詞　　　　　　　　　　　　修飾部
You can go out if you finish your homework.
➡️ あなたは宿題が終わっていれば、外出してもいいですよ。

②
　　　主語　　　　　　動詞
You　may sit down.
➡️ あなたは座ってもいいですよ。

　また、以下の例のように、「**〜してもよいですか？**」という疑問文がよく使われます。「Can I 〜」のほうがやや**カジュアル**です。

③
　　　主語　　　動詞　　　目的語
Can I　use　your pen?
➡️ あなたのペンを使ってもいい？

④
　　　主語　　　動詞　　　　　目的語
May I　use　your cell phone?
➡️ あなたの携帯電話を使ってもよいですか？

　③、④のように聞かれたら、OKの場合は、
Yes, you can(may).　　Sure.
OKでない場合は、
I'm afraid you can't.　　I'm sorry, but you can't.
などと答えます。

can と will は「**～してくれない？**」という依頼を表すことができます。

主語	動詞	目的語	修飾部

① **Can you　cook　dinner　for us?**

② **Will you　cook　dinner　for us?**
→ 私たちのために夕食をつくってくれない？

ただ、①, ②のように、can, will を用いた表現よりも、could, would を用いた依頼表現のほうが**ていねいさがアップします。**

③ **Could you tell me the way to the city hall?**

④ **Would you tell me the way to the city hall?**
→ 市役所までの道のりを教えていただけますか？

このように聞かれたら、OKの場合は、
Sure. Yes, of course.
OKでない場合は、
I'm afraid I can't. I'm sorry, but I can't.
などと答えます。

mustとhave(has) to〜は、ともに「**〜しなければならない**」という義務を表します。

主語　　　動詞　　　　　目的語

① **You　must read　more books.**

➡️ あなたはもっとたくさんの本を読まなければなりません。

主語　　　動詞　　　　　目的語

② **She　has to save　more money.**

➡️ 彼女はもっとたくさんのお金を貯金しなければなりません。

　過去や未来における義務を表したいとき、「**must**」には**対応する形がない**ので、「have (has) to〜」を用いて、「had to〜」という過去形にしたり、「will have to〜」という未来の文にしたりします。

　例えば「〜しなければならなかった」は「had to〜」、「〜しなければならないでしょう」は「will have to〜」という具合です。

主語　　　動詞　　　　　目的語

③ **Ken　had to clean　his room.**

➡️ ケンは自分の部屋を掃除しなければなりませんでした。

主語　　　　　動詞　　　　　目的語　　　　修飾部

④ **Miki will have to practice Kendo for three hours.**

➡️ ミキは3時間剣道を練習しなければならないでしょう。

mustとhave（has）to〜は、肯定文では同じ意味ですが、否定文になると、must not〜は「**〜してはいけません**」という禁止を表すのに対し、don't(doesn't) have to〜は、「**〜する必要はありません**」という不必要を表します。

主語　　　　　　　　動詞　　　　　　修飾部
⑤　**You　must not swim　here.**
　　➡ あなたはここで泳いではいけません。

主語　　　　　　　　　動詞　　　　　　　　修飾部
⑥　**She　doesn't have to help　her mother.**
　　➡ 彼女はお母さんを手伝う必要はありません。

　　mustとhave(has) to〜のほかに、shouldとought to〜も、「**〜すべきだ**」という義務を表します。

主語　　　　　　動詞　　　　　　　　　目的語
⑦　**You　should buy　the book about physics.**
　　➡ あなたはその物理についての本を買うべきです。

主語　　　　　　動詞　　　　　　目的語　　　　　　修飾部
⑧　**You　ought to read　the book　for the exam.**
　　➡ あなたは試験に向けて、その本を読むべきです。

「～したほうがいい」という、忠告の意味が込められるのがhad better～です。主に立場が上の人から下の人に使われます。

　　　　　主語　　　　　　　　動詞　　　　　　　　　修飾部
① **You　had better get up　early.**

➡ あなたは早く起きたほうがいいですよ。

	意味	訳
will	意思	～だろう
would	意思	～だろう
can	能力・可能	～できる (＝be able to)
	推量	～はあり得る
could	可能	～できた
	推量	～かもしれない
may	許可	～してもよい
	推量	～かもしれない
might	推量	～かもしれない
shall	勧誘 (Shall we～?)	～しませんか
should	義務	～すべきだ (＝ought to)
	推量	～のはずだ
must	義務	～しなければならない (＝have to)
	推量	～に違いない

　では、ここで次ページの練習問題で、ここまでのおさらいをしておきましょう。

括弧の中に１語ずつ入れて以下の日本語を英語に直しましょう。
答え合わせが終わったら、口に出して読んでみましょう。

　　　　　主語　　　　動詞　目的語　　　　修飾部
1. (　　)you (　)(　)(　　)my English speech?
→ 私の英語のスピーチを手伝ってくださいませんか？

　　　　主語　　　　　動詞　　　　目的語　　　修飾部
2. Kate (　　)(　　)(　　) two(　　) yesterday.
→ ケイトは昨日ふたつのレポート(reports)を書かなければなりませんでした。

　　　　主語　　　　動詞　　　　修飾部
3. (　　)(　　)(　　)(　　)(　　).
→ 彼はもっと一生懸命(hard)働くべきです。

　　　　主語　　　　動詞　目的語
4. (　　)(　　)(　　)(　　)?
→ テレビを見てもよいですか？

help 人 with 物：人の物を手伝う

[解答]

1. Could/Would you help me with my English speech?

2. Kate had to write two reports yesterday.

3. He ought to work harder.

4. May I watch TV ?

② 推量などを表す助動詞

推量を表す助動詞

　助動詞はまだまだ続きます！ ここからは推量です。
「あり得ます」、**「あり得るかもしれません」**といった推量を表すときは can, could を使います。

　can は**「理論的にそういうことがあり得る」**という意味ですが、could は**「そういうこともあるかもしれない」**と話し手が自信なく思っていることを表しているので注意してください。

主語　　　動詞　　　　　　目的語　　　　　　　　修飾部

① **She　can get　a perfect score　on the test.**

　➡ 彼女はそのテストで満点をとることもあり得ます。

主語　　　動詞　　　　　目的語

② **He　could win　the next game.**

　➡ 彼は次の試合で勝つこともあり得るかもしれません。

　次は**「〜かもしれない」**と言いたいとき may, might を使いますが、might は may よりも、話している人に確信がないときに用いられます。

主語　　　動詞　　　目的語

③ **He　may tell　a lie.**

　➡ 彼は嘘をついているかもしれません。

④
主語　　　　　動詞　　　　補語
This　might be　true.
➡️ これは本当かもしれません。

「**〜に違いない**」という強い確信を持った推量を表すときは must を
使います。同時に「**〜のはずがない**」という強い確信を持った否定の
推量を表すときは can not を用います。

⑤
主語　　　　動詞　　　　　　　補語
He　must be　a photographer.
➡️ 彼は写真家に違いありません。

⑥
主語　　　　　動詞　　　　　修飾部　　　修飾部
She　cannot be　at home　now.
➡️ 彼女は今家にいるはずがありません。

　上記ほどではないにしろ、「**〜のはずです**」という強い推量を表す
ときには should, ought to〜を使います。

⑦
主語　　　　　動詞　　　　目的語　　　　　　修飾部
My sister　should win　the first prize　in the contest.
➡️ 私の妹はそのコンテストで1位をとるはずです。

⑧
主語　　　　　動詞　　　　　　　修飾部
The train　ought to stop　because of heavy snow.
➡️ 電車は大雪のため止まっているはずです。

　推量を表す助動詞は、その推量の度合いがまちまちでわかりにくい
ですよね。次ページで図に整理します。

推量を表す助動詞

| あり得ない | | | かもしれない | | | | ちがいない |
| can't be | could | might | may | can | should | | must |

| 0 | 10 | 20 | 30 | 40 | 50 | 60 | 70 | 80 | 90 | 100 % |

意思を表す助動詞

さて、次は「**〜するつもりです**」という話し手の意思を表す助動詞、will です。

| 主語 | 動詞 | 目的語 | 修飾部 |

① **I will practice tennis hard.**
→ 私はテニスを一生懸命練習するつもりです。

won't と wouldn't を使って否定文とすることで「**どうしても〜しようとしない**」という意思を表します。

| 主語 | 動詞 | 目的語 |

② **The child won't eat carrots.**
→ その子供はどうしてもにんじんを食べようとしません。

| 主語 | 動詞 | 目的語 |

③ **I wouldn't open the door.**
→ 私はどうしてもドアを開けようとしなかったです。

wouldとused to〜で「(昔は) **よく〜したものだった**」という過去の習慣、状態を表すことができます。

| | 主語 | 動詞 | 修飾部 |

① **My father and I would go fishing when I was a child.**
　➡ 私の父と私は、私が子供のころよく釣りに行ったものです。

| | 主語 | 動詞 | 修飾部 |

② **A tall tree used to stand in front of my house.**
　➡ 高い木が私の家の前に立っていました。

相手の意向を尋ねる助動詞

「**〜しましょうか**」という申し出をするときは、Shallを使います。

weと組み合わせれば、あの映画のタイトルのように「**一緒に〜しませんか**」と相手を誘う表現になります。

| | 主語 | 動詞 | 目的語 |

① **Shall I　open　the window?**
　➡ 私が窓を開けましょうか？

| | 主語 | 動詞 | 修飾部 |

② **Shall we　go shopping　together?**
　➡ 一緒に買い物に行きませんか？

①のように聞かれたら、

Yes, please.　No, thank you.　と答えます。

②のように聞かれたら、

Yes, let's.　　No, let's not.　と答えます。

このあたりで、練習問題で助動詞を振り返ってみましょう。

練習問題・2

括弧の中に1語ずつ入れて以下の日本語を英語に直しましょう。
答え合わせが終わったら、口に出して読んでみましょう。

1.　　　主語　　　　動詞　　　修飾部
　（　　）（　　）（　　）（　　）.
➡ 彼女はここへ来るかもしれません。

2.　　　主語　　　　　動詞　　　補語
　The（　　）（　　）（　　）（　　）.
➡ その料理（dish）はおいしい（delicious）に違いありません。

3.　　主語　　　　動詞　　　目的語
　（　　）（　　）（　　）your（　　）?
➡ 私があなたの車を洗いましょうか？

4.　　主語　　　　　動詞　　　　目的語
　（　　）（　　）（　　）（　　）（　　）.
➡ 彼はマラソン（marathons）を走ったものでした。

［解答］

1. She may come here.

2. The dish must be delicious.

3. Shall I wash your car?

4. He used to run marathons.

③ その他の助動詞

過去の推量を表す助動詞

　長かった助動詞も後少しです！

「may have ＋過去分詞」で「～したかもしれない」という過去の推量を表すことができます。

| 主語 | 動詞 | 目的語 | 修飾部 |

① **She　may have read　the book　before.**

➡ 彼女は以前その本を読んでいたのかもしれません。

　おそらく「彼女」が本の内容をよく知っていたのでしょう。彼女のそんな様子を見て、「**彼女は以前その本を読んでいたのかも**」という話し手の発言につながっています。

　また、過去の強い推量を表す場合「must have ＋過去分詞」は、「**～したに違いない**」という意味になります。

| 主語 | 動詞 | 目的語 | 修飾部 |

② **Tom　must have practiced　Kendo　hard.**

➡ トムは剣道を一生懸命練習したに違いありません。

　しばらく見ないうちにトムが剣道の腕を上げていたのでしょう。

　そこで話し手が「**トムは剣道を一生懸命練習したに違いない**」と言っているのです。

「should have ＋過去分詞」と「ought to have ＋過去分詞」は、ほぼ同じ意味で、「～したはずだ」という確信を表します。

主語	動詞	目的語	修飾部

③ **He should have bought the computer in that shop.**

　➡ 彼はあの店でコンピュータを買ったはずです。

主語	動詞	目的語	修飾部

④ **Ellen ought to have taken a lot of pictures there.**

　➡ エレンはそこでたくさんの写真を撮ったはずです。

　③では話し手は「**彼はほかの店でなくあの店でコンピュータを買ったはずだ**」と言いたいのでしょう。④の話し手は「**エレンはそこでたくさん写真を撮ったはず**」だから、見せてもらおう、とでも言いたいのでしょうか。

「cannot have ＋過去分詞」では「**～したはずがない**」という過去の強い否定の推量を表すことができます。

主語	動詞	修飾部	修飾部

⑤ **My sister cannot have been in Osaka yesterday.**

　➡ 私の妹は昨日大阪にいたはずがありません。

　この人の妹は東京にいるはずなのに、誰かが「あなたの妹さんを昨日大阪で見かけたよ」とでも言ったのでしょうか。それに対して、「**私の妹は昨日大阪にいたはずがない**」と答えています。

「should have ＋過去分詞」で「**〜すべきだったのに（実際はしなか
った）**」を表します。

主語	動詞	補語	修飾部

① **You should have been more careful about your health.**

　➡ あなたはもっと健康に注意すべきだったのに。

　主に、過去の行動についての非難になります。
「あなた」はきっと体調を崩してしまったのでしょう。それに対し
て、**「あなたはもっと健康に注意すべきだったのに」**と非難していま
す。

　また、「ought to have ＋過去分詞」の否定形をつくることで、「**〜
すべきではなかったのに（してしまった）**」という、過去の行動につい
ての後悔を表します。

主語	動詞	修飾部

② **We   ought not to have eaten   so much.**

　➡ 私たちはそんなにたくさん食べるべきではなかったのに。

「私たち」がたくさん食べたことで、レストランでの支払いがものす
ごく高くなってしまった、そんな情景が浮かびますね。
　それに対して、**「私たちはそんなにたくさん食べるべきではなかっ
たのに」**と後悔しているわけです。

　主語が長くなり過ぎる場合に用いられる「形式主語構文」という文の組み立て方があります。

仮主語　動詞　補語　　　　　　　　　　　　　　真主語

① It　is natural that he should become the class president.

　➡ 彼が学級委員長になるのは当然です。

仮主語　動詞　補語　　　　　　　　　　　　　　真主語

② It　is a pity that you should go back to your country.

　➡ あなたが帰国するのは残念です。

　文頭に主語の場所を確保するためだけの役割を持つit(仮主語)を配置し、**接続詞that以下を主語（真主語）とする**構文です。
　①、②の文のように、真主語の補語として使われる語句が「感情」や「判断」であるとき、**that節に助動詞としてshouldが使われます。**
　補語として使われる語句には、以下のようなものがあります。
natural(当然な), right(正しい), strange(不思議な),
surprising, (驚くべき), wrong(間違っている), a pity(残念だ)

仮主語　動詞　　　補語　　　　　　　　　　　　真主語

③ It　is necessary that you should study 5 hours.

　➡ あなたは5時間勉強することが必要です。

仮主語 動詞　　補語　　　　　　　　　　　　　真主語

④ It　is essential that he should be with us.

　➡ 彼は私たちと一緒にいることが必要不可欠です。

3日目 ニュアンスを表す 助動詞と受動態

③、④のように補語が「**必要**」「**緊急**」を表す語句であるときも、that節にshouldを用います。例えば、以下のような語句です。

important(重要な), necessary(必要な), essential(必要不可欠な),
desirable(望ましい), urgent(緊急の)

また、that節が目的語となる場合、動詞が「提案」「要求」を表す語句であるとき、that節の中にはshouldが使われます。

⑤ 　主語　　　動詞　　　　　　　　　目的語
　I　suggested　that we should stay at home.
　➡ 私は、私たちは家にとどまるべきだと提案した。

⑥ 　主語　　　動詞　　　　　　　　　目的語
　He　requested　that I should help him.
　➡ 彼は、私が彼を手伝うことを要求した。

この構文で用いられる動詞には、以下のようなものがあります。

advise(忠告する), decide(決心する), demand(要求する),
insist(要求する), order(命令する), propose(提案する),
recommend(勧める), request(要求する), suggest(提案する)

ここまでに紹介したthat節にshouldを使う構文については、すべてにおいて**shouldを省略する**ことが可能です。

① 　仮主語 動詞　補語　　　　　　　　　　真主語
　It　is　natural　that he becomes the class president.

例えばP87の①だと上のようになります。
さて、助動詞はこれで終わりです。お疲れ様でした！

最後におさらいをしておきましょう。

練習問題・3

括弧の中に1語ずつ入れて以下の日本語を英語に直しましょう。
答え合わせが終わったら、口に出して読んでみましょう。

主語　　　　動詞　　　　補語
1. It ( )( )( )( ).

⟶ それは本当だったに違いありません。

主語　動詞　　　　　　目的語
2. ( )( )( )( )( )lend( )( ).

⟶ 彼は、私が彼にお金を貸す(lend＋人＋物)ようにと要求しました(insisted)。

主語　　　　動詞　　　　修飾部
3. ( )( )( )come home ( ).

⟶ あなたはもっと早く帰るべきだったのに。

主語　　　　動詞　　　　補語
4. The( )( )( )( ) late.

⟶ その電車は遅れたはずがありません。

仮主語　動詞　補語　　　　　　真主語
5. ( )( )( )( )you( )( )( )( ).

⟶ あなたが最善を尽くす(do your best)ことは必要不可欠(essential)です。

[解答]

1. It must have been true.

2. He insisted that I should lend him money.

3. You should have come home earlier.

4. The train cannot have been late.

5. It is essential that you should do your best.

89

受け身の文を
つくる受動態

受動態の基本形と例外

ここでは「〜られる」「〜される」といった、受け身の文をつくることができる受動態について学んでいきます。助動詞とは頭を切り替えて、頑張りましょう！夏目漱石

① **This novel　was written　by Natsume Soseki.**
　　　　主語　　　　　　動詞　　　　　　　　　修飾部

➡ この小説は夏目漱石によって書かれました。

基本の受動態は「be動詞＋過去分詞」で「**〜られる**」「**〜される**」という意味を表します。

そして、その動作をした動作主は「by…（…によって）」で明らかにされます。

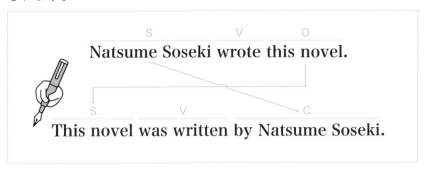

Natsume Soseki wrote this novel.
　　　　S　　　　　　　　V　　　　O

This novel was written by Natsume Soseki.
　　S　　　　　　V　　　　　　　　　C

しかし、動作主が複数いたり、漠然としていたりして、言及する意味がない場合は省略することができます。

②
主語	動詞	修飾部

This temple　was built　300 years ago.

➡ この寺は300年前に建てられました。

③
主語	動詞	修飾部

Spanish　is spoken　in this country.

➡ この国ではスペイン語が話されています。

②は動作主である「300年前にお寺を建てた人」が複数おり、誰が建てたかは問題にならないので、by以下を明記しません。

③の「この国でスペイン語を話す人々」も漠然としており、「by…」で表しません。

by以外の前置詞を使う受動態

①
主語	動詞	修飾部

We　were surprised　at the news.

➡ 私たちはそのニュースに驚きました。

②
主語	動詞	修飾部

The garden　was covered　with snow.

➡ その庭は雪で覆われていました。

上の2文のように、be surprised at〜（〜に驚く）, be covered with〜（〜で覆われている）, be interested in〜（〜に興味がある）といった場合は、**byを使わず、それぞれ、at, with, inを使います。**

単語と単語の決まった組み合わせ（熟語）なので、コンビとして単純に覚えるしかありません。

　第４文型（S + V + O + O）の文から受動態をつくるときは、目的語が２つあるため、**受動態の文を２通りつくる**ことができます。

　実際にやってみましょう。

主語　　動詞　　目的語　　　目的語

① **I　gave　her　a T-shirt.**
　➡ 私は彼女にTシャツを与えました。

　まず、この①の文の目的語herを主語にした受動態の文をつくります。

主語　　　　動詞　　　　　修飾部　　　　修飾部

② **She　was given　a T-shirt　by me.**
　➡ 彼女は私によってTシャツを与えられました。

　次に、a T-shirt を主語にした受動態をつくってみます。

主語　　　　　動詞　　　　　修飾部　　　修飾部

③ **A T-shirt　was given　to her　by me.**
　➡ Tシャツは私によって彼女に与えられました。

　herに to がつくことに注意してください。**動詞が give 型なら、to が、buy 型なら、for がつきます**（P34参照）。

第5文型の受動態

次は第5文型（S＋V＋O＋C）の文から受動態をつくってみます。

主語　動詞　　　目的語　　　　補語

① **I　call　the dog　Pochi.**

　➡ 私はその犬をぽちと呼びます。

目的語the dogを主語にした受動態の文にしてみましょう。

　　　　主語　　　　　　　動詞　　　　　補語　　　　修飾部

② **The dog　is called　Pochi　by me.**

　➡ その犬は私にぽちと呼ばれています。

こちらは**補語をそのまま下ろすだけ**です。簡単ですね。

助動詞が含まれる受動態

助動詞が含まれる受動態については、「助動詞＋be＋過去分詞」で表します。

　　　　主語　　　　　　　　　動詞　　　　　　　　　　　　修飾部

① **My sister　must be scolded　by our mother.**

　➡ 私の妹はお母さんによって叱られるに違いないです。

「〜に違いない」のmustに、「叱る」の受動態である「be scolded」となり、**「叱られるに違いない」**という意味になります。

進行形と受動態を組み合わせる場合は、「be ＋ being ＋過去分詞」
という形をとり、「〜されているところです」という意味を表します。

主語	動詞	修飾部

① **The bridge　is being built　now.**
➡ その橋は今建てられているところです。

現在完了形の受動態は、「have been ＋過去分詞」で表されます。
現在完了形には用法が３つありましたね。
復習しながら見ていきましょう。
まずは「(今までに)〜をしたことがある」の経験用法です。

主語	動詞	修飾部

① **Japanese movies　have never been seen　by me.**
➡ 日本映画は私によって観られたことがありません。

次は、「**過去のある時点から発生した状態**」が今も続いていること
を表す継続用法です。

主語	動詞	修飾部

② **This book　has been read　by young people.**
➡ この本は若者たちによって読み続けられています。

最後に「(今では) **もうすでに〜してしまっている**」ことを表す完了
用法です。

③ 　　　　主語　　　　　　動詞　　　　　　　　　　修飾部

Rice balls have been eaten by many children.

➡️ おにぎりは、たくさんの子供たちによって食べられていました。

知覚動詞、使役動詞の受動態

　次は、「**見たり、聞いたり、感じたりする**」ことを表す動詞、知覚動詞（see, hear, feel など）と、「**…に〜をしてもらう（させる）**」といった文をつくる動詞、使役動詞（make など）の受動態を学習します。

　まず、知覚動詞の文は、第５文型（S＋V＋O＋C）に属し、以下のような形をとります。

　　主語　動詞　　目的語　　　　　補語

① **I saw her cross the road.**

➡️ 私は彼女が道路を渡るのを見ました。

これを受動態にしてみます。

　　主語　　　　動詞　　　　　　修飾部　　　　　　　修飾部

② **She was seen to cross the road by me.**

➡️ 彼女は道路を横切っているところを私に見られました。

となり、cross the road ではなく、**to cross the road** と、不定詞を用いて書きます。使役動詞も同様です。

　　主語　　　動詞　　目的語　　　補語

③ **He made me study hard.**

➡️ 彼は私を一生懸命勉強させました。

これを受動態にすると、

主語　　　動詞　　　　　　　修飾部　　　　　　修飾部

④ **I　was made　to study hard　by him.**

　➡ 私は彼によって一生懸命勉強させられました。

　このように、使役動詞である make も、受動態にすると、**原形不定詞ではなく、to 不定詞を使う**ので注意しましょう。

　さて、それでは、本日の学習も、練習問題と章末問題を残すのみとなりました。ひとまず最初の３日間、お疲れ様でした。

文法ドリル・1

　「受動態の基本形と例外」の① (P90)、「by 以外の前置詞を使う受動態」の① (P91)、「現在進行形の受動態」の① (P94) を、それぞれ否定文と疑問文にしましょう。

　その際、疑問文には Yes で答えましょう。

［解答］

「受動態の基本形と例外」の①

This novel wasn't written by Natsume Soseki. ／

Was this novel written by Natsume Soseki? ／ Yes, it was.

「by 以外の前置詞を使う受動態」の①

We weren't surprised at the news. ／ Were you surprised at the news? ／

Yes, we were.

「現在進行形の受動態」の①

The bridge isn't being built now. ／ Is the bridge being built now? ／ Yes it is.

括弧の中に1語ずつ入れて以下の日本語を英語に直しましょう。
答え合わせが終わったら、口に出して読んでみましょう。

1. That(主語)(動詞)(修飾部)( )Ken.
→ その花瓶(vase)はケンによって壊され(broken)ました。

2. (主語)(動詞)( )(修飾部)( )a song (修飾部)( )( ).
→ 私は歌(song)を歌っている(sing)のを母に聞かれ(heard)ました。

3. (主語)(動詞)( )( ) in the sky 修飾部 ( )(修飾部)( ).
→ 晴れた日には(on sunny days)空に星が見られます。

4. (主語)(動詞)( ) a(修飾部)(修飾部)my father.
→ 私は父によってスマートフォン(smartphone)を与えられました。

[解答]

1. That vase was broken by Ken.

2. I was heard to sing a song by my mother.

3. Stars can be seen in the sky on sunny days.

4. I was given a smartphone by my father.

3日目　ニュアンスを表す助動詞と受動態

次の会話文を読んで、日本語の部分を英語に直し、括弧内に1語ずつ入れましょう。答え合わせが終わったら、全文を何度か声に出して読みましょう。

～on the phone～

Steve: Hi, Taka. This is Steve.

Taka: Hi, Steve. What's up?

Steve: I heard a good movie is being released soon.

① （今週末に一緒に見に行かない？）

Taka: This weekend? Hmm.

② （行きたい。けど、科学のレポートを終わらせないと。）

Steve: Oh, that's too bad.

Taka: ③ （もっと早く終わらせるべきだったのに。）

①. 主語 動詞 目的語 修飾部
（　）we（　）to（　）the（　）this weekend?

②. 主語 動詞 主語 動詞 修飾部
（　）（　）（　）（　）, but I（　）（　）（　）my science（　）.

③. 主語 動詞 目的語 修飾部
（　）（　）（　）（　）it earlier.

[解答]

①. Shall we go to see the movie this weekend?

②. I would like to, but I have to finish my science report.

③. I should have finished it earlier.

次の会話文を読んで、日本語の部分を英語に直し、括弧内に1語ずつ入れましょう。答え合わせが終わったら、全文を何度か声に出して読みましょう。

Kate: What are you reading, Yuki?

Yuki: I'm reading "Kokoro".

Kate: Oh, I know "Kokoro".
① (それは夏目漱石によって書かれました。)

Yuki: I've read this one many times.
I like Natsume Soseki.

Kate: I like him, too.
② (彼の本は多くの人々に読まれていますね。)

Yuki: Yes, that's right.

①. (主語)(動詞)( )(修飾部)Natsume Soseki.

②. (主語)books (動詞)( )(修飾部)many( ).

解答
①. It was written by Natsume Soseki.
②. His books are read by many people.

1.

（電話にて）

Steve: もしもし。たけし。スティーブだよ。

Taka: こんにちはスティーブ。何かあったの？

Steve: よい映画がもうすぐ来るんだ。

今週末、一緒に見に行かない？

Taka: 今週末？　うーん

行きたい。けど、科学のレポートを終わらせないといけないんだ。

Steve: それはよくないね。

Takai: もっと早く終わらせるべきだったのに。

2.

Kate: 何を読んでいるの、由紀。

Yuki: こころを読んでいるのよ。

Kate: ああ、こころを知っているわ。

それは夏目漱石によって書かれました。

Yuki: これを私は何回も読んだわ。

私も彼が好きです。

Kate: 彼の本は多くの人々に読まれていますね。

Yuki: はい、そのとおりです。

4 日目

主語の決め方 つくり方

　皆さんおわかりのとおり、主語とは文中で「〜は」にあたるところです。英文をつくるときは、まず、主語を考え、次に動詞を考えます。ですので、主語の決め方、つくり方はとても大切です。今日は、第1文型から第5文型において、主語になる部分を、きちんと書けたり、言えたりするための学習をしましょう。

今日はこれができるようになる！

- ☑ 名詞・代名詞を使って適切な主語を導ける。
- ☑ 不定詞・動名詞を使って適切な主語を導ける。
- ☑ 関係代名詞whatを使いこなす。
- ☑ その他の句や節を使いこなす。

主語になる名詞の種類

名詞の種類と動詞の受け方

ご存知のとおり、**名詞は主語をつくります。**

しかし、よく見ると、動詞を単数扱いで受けるのか、複数扱いで受けるのかなど、名詞の種類によってルールがあります。

まずは名詞の種類と動詞の受け方を見ていきましょう。

　　　主語　　　　　　動詞　　　　　修飾部
① **My brother　lives　in Canada.**
→ 私の兄はカナダに住んでいます。

①のbrotherは**普通名詞**で数えられる名詞なので、a(an), theなどがついたり複数形になったりします。ここでのbrotherは単数のため、動詞に三人称単数現在形のsがついています。

　　　主語　　　　　動詞　　　　　補語
② **My family　are　all sumo fans.**
→ 私の家族はみんな相撲のファンです。

②の主語familyは、ここではfamilyを構成するひとりひとりに焦点をあてているので、複数扱いとなり、be動詞はareで受けます。

このような名詞を**集合名詞**といい、ほかにもclass, team, groupなどがあります。ちなみに、family全体をひとつの集合体と見るときは、be動詞はisで受けます。

③ 　　主語　　　動詞　　　補語　　　　　修飾部
Money　is　important　in our life.
➡️ お金は私たちの生活の中で大切です。

　③のmoneyは「金属、液体、材料」などを表す**物質名詞**で、決まった形がないので数えられません。
　よって単数扱いで、be動詞はisで受けます。このような名詞には、water, milk, coffee, teaなどがあります。

④ 　　主語　　　　動詞　　　補語　　　　　修飾部
Friendship　is　important　to me.
➡️ 私にとって友情は大切です。

　④のfriendshipは、**抽象名詞**といいます。概念であり、数えられません。したがってbe動詞はisで受けます。このような名詞には、happiness(幸福), beauty(美), freedom(自由), importance(重要性) などが挙げられます。

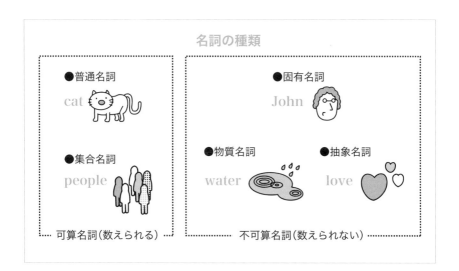

名詞の種類

●普通名詞
cat

●集合名詞
people

…… 可算名詞(数えられる) ……

●固有名詞
John

●物質名詞
water

●抽象名詞
love

…… 不可算名詞(数えられない) ……

② 無生物主語のパターン

英語らしい表現のひとつに、**無生物主語**があります。

　　主語　　　動詞　　目的語　　補語
① **Music　makes　me　happy.**
　→ 音楽は私を幸せにさせます。

　日本語では「**音楽を聴くと私は幸せになります**」と言うのが自然です。ずいぶん発想が違いますね。
　このように「**物が**」「**何かをする**」という言い方の主語を無生物主語といいます。
　これには、大きく分けて以下の3パターンがあります。

「何かが〜させる」

　　　主語　　　　　　動詞　　　目的語　　　　　補語
② **Computers　enabled　us　to send emails.**
　→ コンピュータは私たちにメールを送ることを可能にさせました。

　　主語　　　　動詞　　目的語　　　　　　補語
③ **My job　allows　me　to save a lot of money.**
　→ 私の仕事は私にたくさんの貯金をさせてくれます。

　　主語　　　　　動詞　　　目的語　　　　　修飾部
④ **This album　reminds　me　of my school days.**
　→ このアルバムは私に学生時代を思い出させます。

「何かが〜 をさせない」

主語　　　　　　動詞　　目的語　　　　　　修飾部

⑤ **Hard work keeps her from sleeping enough.**

➡ ハードな仕事は彼女に十分な睡眠をとらせません。

主語　　　　　　　動詞　　　　目的語　　　　　　　修飾部

⑥ **Heavy snow prevented trains from coming on time.**

➡ 大雪は電車に時間どおりに来るのを妨げました。

その他

主語　　　　　　動詞　　　目的語　　　　　　修飾部

⑦ **This road　takes　you　to the library.**

➡ この道はあなたを図書館に連れていきます。

もっとあるのですが、以上が代表格です。では、おさらいです。

文法ドリル・1

「名詞の種類と動詞の受け方」の①（P102）、「無生物主語のパター
ン」の④と⑥を否定文と疑問文にしましょう。
　その際、疑問文にはYesで答えましょう。

［解答］

「名詞の種類と動詞の受け方」の①

My brother doesn't live in Canada. ／

Does your brother live in Canada? ／ Yes, he does.

「無生物主語のパターン」の④

This album doesn't remind me of my school days. ／

Does this album remind you of your school days? ／ Yes, it does.

「無生物主語のパターン」の⑥

Heavy snow didn't prevent trains from coming on time. ／

Did heavy snow prevent trains from coming on time? ／ Yes, it did.

105

4
日
目

主
語
の
決
め
方
　
つ
く
り
方

括弧の中に1語ずつ入れて以下の日本語を英語に直しましょう。
答え合わせが終わったら、口に出して読んでみましょう。

主語　　　　　動詞　　目的語　　補語

1. (　　　)(　　　　)(　　　　　) me　to succeed.

→ 彼のアドバイス(advice)は私が成功する(succeed)ことを可能にさせました。

主語　　　動詞　　　　　補語　　　　　修飾部

2. (　　　　)(　　) an(　　　　)(　　) for(　　).

→ 自由(freedom)は私たちにとって大切な(important)権利(right)です。

主語　　　動詞　　目的語　　修飾部

3. (　　)(　　　　)(　　)(　　)his(　　　　　).

→ ボブは私に彼のお父さんを思い出させます。

主語　　　　　動詞　　　目的語　　　　修飾部

4. (　　)(　　　　)(　　　　)(　　)(　　)(　　)to school.

→ 彼の病気(sickness)は彼が学校へ来るのを妨げました。

[解答]

1. His advice enabled me to succeed.

2. Freedom is an important right for us.

3. Bob reminds me of his father.

4. His sickness prevented him from coming to school.

③ 主語になる代名詞の種類

人称代名詞

　文字どおり名詞の代わりとなる代名詞も、**名詞と同様に主語をつくります**。代名詞の種類ごとにその性質を見ていきましょう。

I, you, she, they, it など
これらの人称代名詞は主語になることができます。

　　主語　　動詞　　　　　補語
① **She　is　a chairperson.**
　　→ 彼女は議長です。

　　主語　　　動詞　　　目的語
② **We　play　cards.**
　　→ 私たちはトランプをします。

漠然と「人々」を表す主語
　you, we, they は、具体的な誰かを指すのではなく、漠然とした「人々」を表すことがあります。

　　主語　　　　動詞　　　　目的語　　　　修飾部
③ **You　can't drink　sake　until you're 20.**
　　→ 20歳になるまでお酒を飲んではいけません。

④

主語	動詞	目的語	修飾部
We	had	much rain	in June.

➡ 6月にはたくさんの雨が降ります。

⑤

主語	動詞	目的語	修飾部
They	speak	Chinese	here.

➡ ここでは人々は中国語を話しています。

it の用法

it は以下のような場合、主語として使われますが、それ自体に特別な意味は持ちません。

A, 天気の it

⑥

主語	動詞	補語	修飾部
It	will be	cloudy	tomorrow.

➡ 明日は曇りでしょう。

B, 寒暖の it

⑦

主語	動詞	補語	修飾部
It	is	cold	here in Sydney.

➡ シドニーは寒いです。

C, 時間の it

⑧

主語	動詞	補語	修飾部
It	is	8 o'clock	now.

➡ 今8時です。

D, 距離のit

主語　動詞　補語　　　　修飾部　　　　　　　修飾部

⑨ **It is 2km from here to the station.**

➡️ ここから駅まで2kmです。

E, 費用と時間のit

主語　動詞　（目的語）　　目的語　　　　　　修飾部

⑩ **It cost (me) 100,000 yen to buy the ring.**

➡️ （私が）その指輪を買うのに10万円かかりました。

主語　動詞　（目的語）　　目的語　　　　　修飾部

⑪ **It takes (me) 30 minutes to go to school.**

➡️ （私が）学校へ行くのに30分かかります。

F, 明暗のit

主語　動詞　補語　　修飾部　　　　　修飾部

⑫ **It got dark quickly around here.**

➡️ あたりが急に暗くなりましたね。

こんなにたくさんの用法があるなんて、itは働き者なんですね。

さまざまなitの用法

●天気　　●時刻　　●所要時間

●寒暖　　●距離　　●明暗

指示代名詞

　具体的なものを指して、「**これは**」「**これらは**」「**あれは**」「**あれらは**」という意味をそれぞれ、this, these, that, those で表すのが指示代名詞です。

　　　　主語　　　動詞　　　補語
① **Those　are　old stamps.**
　　➡ あれらは古い切手です。

　また、指示代名詞は後ろに名詞を伴って、「**この**」「**これらの**」「**あの**」「**あれらの**」という意味にもなります。

　　　　　　主語　　　　　　動詞　　補語
② **Those stamps　are　old.**
　　➡ あれらの切手は古いです。

　①と②は同じ意味の文になります。

不定代名詞

　不定代名詞は、特定のものを指すのではなく、**不特定のものを指す**ときに使います。その種類を見ていきましょう。

someとothers
　　　主語　　　動詞　目的語　　　　　　主語　　　動詞　　目的語
① **Some people like natto,　and others don't like it.**
　　➡ ある人々は納豆を好み、またある人々はそれを好みません。

one と the other

主語　　　　動詞　補語　　　　　　主語　　　動詞　　補語

② **One of my sisters is a librarian and the other is a student.**

　➡ 私の姉のうち、ひとりは図書館員で、もうひとりは学生です。

「2人のうちひとりはA、もうひとりはB」というとき、「one, the other 〜」という表現を使います。

　2人の中でひとりが決まればもうひとりも決まってしまうので、otherに特定を意味するtheがついています。

three と the others, both, either, neither, all of, each of, none of

主語　　　　動詞　　目的語　　　　　主語　　　動詞　目的語

③ **Three students passed the exam, but the others failed it.**

　➡ 3人の生徒がその試験に合格しましたが、ほかの人は落ちました。

　全体のうち、**「○人はA、残りはB」**というときに「○, the others 〜」を使います。

　③では全体の中で3人が決まれば、残りは決まってしまうので、othersに特定の意味を表すtheがついています。

主語　　　　　　動詞　　　　　　修飾部

④ **Both of you　can come　to the party.**

　➡ あなたたち両方ともパーティーに来られます。

主語　　　　　　動詞　　　　　　目的語

⑤ **Either of you　can attend　the meeting.**

　➡ あなたたちのどちらかが会議に出席できます。

⑥   主語   動詞   修飾部

⑥ **Neither of you can come to the party.**

  ➡ あなたたちのどちらもパーティーに来られません。

　both of you は「**2人のうちの両方**」を、either of you は「**2人の うちのどちらか**」を、neither of you は、「**2人のうちのどちらも〜な い**」の意味を表します。both of you は複数扱い、後の2つは単数扱 いです。

　では、3人または3つ以上になると、どのように言えばよいでしょ うか？

⑦   主語   動詞   目的語

⑦ **All of the students have to wear school uniforms.**

  ➡ すべての生徒が制服を着なくてはなりません。

⑧   主語   動詞   修飾部

⑧ **Each of these cars was made in Japan.**

  ➡ これらの車のうちのひとつひとつが日本でつくられました。

⑨   主語   動詞   修飾部

⑨ **None of us is against your idea.**

  ➡ 私たちのうちの誰もあなたの考えに反対ではないです。

　⑦は、「**3人または3つ以上のすべての人や物が**」、⑧は、「**3人ま たは3つ以上の物の中のひとつひとつ**」、⑨は「**3人または3つ以上 の物の中から誰も（何も）〜ない**」という意味になります。

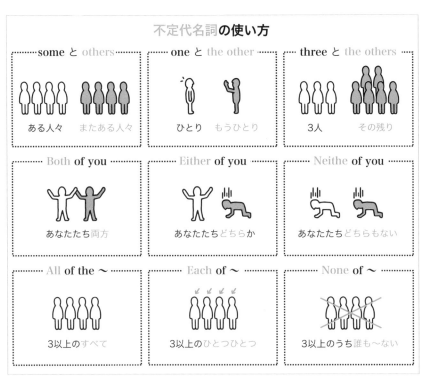

不定代名詞の使い方

some と others
ある人々　またある人々

one と the other
ひとり　もうひとり

three と the others
3人　その残り

Both of you
あなたたち両方

Either of you
あなたたちどちらか

Neithe of you
あなたたちどちらもない

All of the ～
3以上のすべて

Each of ～
3以上のひとつひとつ

None of ～
3以上のうち誰も～ない

では長くなりましたが、おさらいに入りましょう。

文法ドリル・2

　「人称代名詞」の⑥（P108）、⑫（P109）と「指示代名詞」の①（P110）を否定文と疑問文にしましょう。
　その際、疑問文にはYesで答えましょう。

［解答］

「人称代名詞」の⑥
It won't be cloudy tomorrow. ／ Will it be cloudy tomorrow? ／ Yes, it will.

「人称代名詞」の⑫
It didn't get dark quickly around here. ／
Did it get dark quickly around here? ／ Yes, it did.

「指示代名詞」の①
Those aren't old stamps. ／ Are those old stamps? ／ Yes, they are.

次の語句を、どれが主語になるかをよく考えて並べ替え、正しい
英文にしましょう（括弧の中に一語ずつ入れましょう）。

1. 2月にはいくらかの雪が降ります。

(some, snow, in, here, have, February, we)

主語　　動詞　　　目的語　　　修飾部　　　修飾部

(　)(　)(　)(　)(　)(　)(　　　).

2. ここから学校まで1kmです。

(is, here, 1km, school, from, it, to)

主語　　動詞　　　補語　　　修飾部　　　修飾部

(　)(　)(　)(　)(　)(　)(　　　).

3. 私が宿題を終えるのに2時間かかりました。

(my homework, two hours, me, took, finish, it, to)

主語　　動詞　　　目的語　　　目的語　　　　　修飾部

(　)(　)(　)(　)(　)(　)(　)(　　　).

4. テニスをする人もいれば、サッカーをする人もいます。

(people, tennis, others, play, play, soccer, some).

主語　　動詞　　目的語　　　　　主語　　動詞　　目的語

(　)(　)(　)(　) and (　)(　)(　).

5. あれらの山々は美しいです。

(are, those, beautiful, mountains).

主語　　　　　動詞　　　補語

(　)(　　　)(　)(　　　).

6. 私のおじのひとりは料理人で、もうひとりは芸術家です。

(one of, a cook, an artist, is, the other, my uncles, is).

主語　　　　動詞　　　　　　　　　主語　　動詞　　補語

( )( )( )( )( )( )( )and( )( )( )( )( ).

1. We have some snow here in February.

2. It is 1km from here to school.

3. It took me two hours to finish my homework.

4. Some people play tennis **and** others play soccer.

5. Those mountains are beautiful.

6. One of my uncles is a cook **and** the other is an artist.

④ 〜することは という主語

不定詞の名詞的用法

　不定詞は「to ＋動詞の原形」という形をとり、名詞的用法では「〜すること」と訳されます。主語となるとき、「To read books」は「**本を読むことは**」、「To play tennis」は「**テニスをすることは**」という意味になります。

　　　　　　主語　　　　　動詞　　　　補語
① **To read books　is　important.**
　　➡️ 本を読むことは大切です。

　　　　　　主語　　　　　動詞　　　　補語
② **To play tennis　is　a lot of fun.**
　　➡️ テニスをすることはとても楽しいです。

動名詞

　動名詞は、「動詞の〜ing形」で、不定詞の名詞的用法と同じように、「〜すること」と訳します。
　それが主語になると「**〜することは**」の意味を表すことができます。例えば、「Studying English」で「**英語を勉強することは**」という意味の主語がつくれるわけです。

③ **Reading books** 主語   **is** 動詞   **important.** 補語

➡ 本を読むことは大切です。

④ **Studying English** 主語   **is** 動詞   **a lot of fun.** 補語

➡ 英語を勉強することはとても楽しいです。

関係代名詞whatを使った主語

① **What he said** 主語   **was** 動詞   **true.** 補語

➡ 彼が言ったことは本当でした。

   関係代名詞whatは、先行詞（関係代名詞によって意味を修飾される語句）を持たないという特徴があり、**what だけで「〜すること」「〜するもの」**という意味を表します。

「what ＋主語 (S) ＋ 動詞 (V)」の形になっていることが多く、①の文の「what he said」は、**「彼が言ったことは」**という意味になります。**「私が知っていること」**は「what I know」、**「私の父がつくった物」**は「what my father made」になります。

② **What I know about him** 主語   **is** 動詞   **only his name.** 補語

➡ 私が彼について知っていることは彼の名前だけです。

③ **What my father made** 主語   **was** 動詞   **this chair.** 補語

➡ 私の父がつくった物はこの椅子でした。

仮主語　動詞　補語　　　修飾部　　　　　　　　　　真主語
① **It　is easy for me to read the English book.**
　➡ その英語の本を読むことは私にとって易しいです。

　①は、「不定詞の名詞的用法」で見たとおり、「To read English book is easy for me.」でもよいのですが、**英語は長い主語を嫌う言語**です。
　そこでitを用いてとりあえず「It is easy for me（それは私にとって易しい）」と言っておいて、後から真主語の「to read the English book（その英語の本を読むことは）」を書き、文を成立させています。

仮主語　動詞　補語　　　　　　真主語
② **It　is　true　that Miki passed the exam.**
　➡ ミキが試験に合格したのは本当です。

　②も同様で、とりあえず「It is true（それは本当だ）」と言っておいて、後から真主語の「that Miki passed the exam.（ミキが試験に合格したのは）」を書いています。

仮主語　動詞　　補語　　　　　　　　真主語
③ **It　is　unknown　whether he left Japan.**
　➡ 彼が日本を出発したかどうかは知られていません。

　③も同様に、とりあえず「It is unknown（それは知られていない）」と言っておいて、その後、真主語の「whether he left Japan（彼が日本を出発したかどうかは）」を書いています。
　「whether S + V」は「SがVするかどうか」の意味を表します。

さあ、今日最後の文法ドリルと問題です。

もう後一息、頑張ってください。

文法ドリル・3

「不定詞の名詞的用法」の①（P116）、「関係代名詞whatを使った主語」の①（P117）、「その他の語句や節が主語になるパターン」の①をそれぞれ否定文と疑問文にしましょう。

その際、疑問文にはYesで答えましょう。

［解答］

「不定詞の名詞的用法」の①

To read books isn't important. ／ Is to read books important? ／ Yes, it is.

「関係代名詞whatを使った主語」の①

What he said wasn't true. ／ Was what he said true? ／ Yes, it was.

「その他の語句や節が主語になるパターン」の①

It isn't easy for me to read the English book. ／

Is it easy for you to read the English book? ／ Yes, it is.

次の語句を、どれが主語になるかをよく考えて並べ替え、正しい
英文にしましょう（括弧の中に一語ずつ入れましょう）。

1. 歴史を勉強することは、私たちにとって面白いです。
(for, history, us, study, is, to, it, interesting).

主語　動詞　　補語　　　　修飾部　　　　　真主語
(　) (　) (　　　　) (　　) (　) (　) (　　　　) (　　　　).

2. 彼が書いたことはとても重要でした。
(was, he, important, wrote, what, very).

　　　　主語　　　　　　動詞　　　　補語
(　　　　) (　) (　　　　) (　　) (　　) (　　　　).

3. 映画を見ることはわくわくします。
(movies, is, exciting, watching).

　　主語　　　動詞　　補語
(　　) (　　) (　　) (　　).

4. トムが寿司を食べられるかどうかはわからないです。
(sushi, Tom, is, can, unknown, eat, whether, it).

仮主語 動詞　　補語　　　　　　　　　真主語
(　) (　) (　　　　) (　　　　) (　　) (　　) (　　) (　　　　).

5. 学校の規則にしたがうことは大切です。
(that, follow, you, it, important, is, the school rules).

仮主語 動詞　　補語　　　　　　　　　　真主語
(　) (　) (　　　　) (　　　) (　　) (　　　　) (　　) (　　　　) (　　　　).

①. It is interesting for us to study history.

②. What he wrote was very important.

③. Watching movies is exciting.

④. It is unknown whether Tom can eat sushi.

⑤. It is important that you follow the school rules.

次の会話文を読んで、日本語の部分を英語に直し、括弧内に1語ずつ入れましょう。答え合わせが終わったら、全文を何度か声に出して読みましょう。

Miki:　What did you do during the winter vacation?

Kate:　I went to Akita with my friend.

　　　　We made a small kamakura.

Miki:　That sounds nice.

　　　　① （あなたたちにとってかまくらをつくるのは難しかったですか？）

Kate:　No, not at all.

　　　　② （それは私たちにとって、20分しかかかりませんでしたよ。）

　　　　Some volunteers made bigger ones.

　　　　③ （大きなかまくらをつくることは難しいかもしれません。）

Miki:　What did you do in a kamakura?

Kate:　We ate rice cakes. ④ （かまくらの中は暖かいです。）

　　　　　　動詞　仮主語　補語　　修飾部　　　　　　　真主語
①.（　　）（　　）（　　）（　　）（　　）（　　）a kamakura?

　　　　　主語　動詞　目的語　　　目的語
②.（　　）（　　）（　　）only（　　）（　　）.

　　　　仮主語　　　動詞　　　補語　　　真主語
③.（　　）（　　）（　　）（　　）（　　）（　　）a big one.

　　　　　主語　動詞　補語　　　　修飾部
④.（　　）（　　）（　　）in　a　kamakura.

Miki:　あなたは冬休みの間何をしましたか？

Kate:　友達と秋田へ行きました。

　　　　私たちは小さなかまくらをつくりました

Miki:　それはよかった。

　　　　あなたたちにとってかまくらをつくることは難しかったですか？

Kate:　いいえ全然。

　　　　それは私たちに20分しかかからなかったですよ。

　　　　ボランティアの人はより大きいのをつくりました。

　　　　大きなかまくらをつくることは難しいかもしれません。

Miki:　かまくらの中で何をしましたか？

Kate:　お餅を食べました。かまくらの中は暖かいです。

5日目

補語の決め方 つくり方

　昨日は主語の決め方、つくり方について学びましたので、今日は、第2文型と第5文型で使われる補語の決め方・つくり方を学びます。第1日目の文型のところでは出てこなかったさまざまな補語を学ぶことにより、表現力がぐーんとアップすること請け合いです。難しめの構文も出てきますが、頑張って学習していきましょう。

今日はこれができるようになる！

- ☑ 名詞、代名詞を用いて適切な補語を導ける。
- ☑ 形容詞と形容詞を用いた比較表現が使える。
- ☑ 不定詞・動名詞を用いて適切な補語を導ける。
- ☑ 関係代名詞whatを用いて適切な補語を導ける。
- ☑ that節、whether節を用いて適切な補語を導ける。
- ☑ 分詞を用いて適切な補語を導ける。

第2文型の補語と比較表現

補語となる名詞・代名詞

第4日目の主語と同様に、今日も最初に名詞を扱います。

    主語   動詞   補語   修飾部

① **Sumo   is   a national sport   in Japan.**
　　→ 相撲は日本の国技です。

    主語   動詞   補語

② **This   must be   a rice cake.**
　　→ これはお餅に違いないです。

　①はa national sportが、②は、a rice cakeがそれぞれ名詞として補語をつくっています。この場合Sumo = a national sport, This = a rice cakeという第2文型の関係が成り立っています。

　次は補語となる代名詞です。

    主語 動詞 補語

① **It   is   me.**
　　→ 私です。

    主語 動詞   補語

② **It   is   hers.**
　　→ それは彼女の物です。

①は、"Who is it?"（誰ですか?）などと聞かれたときの答えとして言う "It's me." という文です。②は、"Whose bag is it?" などと聞かれたときに、"It's hers." と答えるときに使える文です。**人称代名詞が補語**となっています。

形容詞と比較表現の基本

補語となる名詞、代名詞と見てきて、次は形容詞です。

　　主語　動詞　　補語
① **I　am　tall.**
　　➡ 私は背が高いです。

形容詞tall が補語になっていますね。比較級、最上級にしてみます。

　　主語　動詞　　　補語　　　　修飾部
② **I　am　taller　than Tom.**
　　➡ 私はトムより背が高いです。

　　主語　動詞　　　　補語　　　　　修飾部
③ **I　am　the tallest　in this class.**
　　➡ 私はこのクラスで一番背が高いです。

比較級

I am taller than Tom.

最上級

I am the tallest in this class.

127

比較級のつくり方、覚えていましたか？　②は、補語の形容詞が比較級になっており、「A is 形容詞er than B」で「**AはBより〜です**」という比較を表します。

同様に③も、補語の形容詞が最上級になっており、「A is the 形容詞est」で、「**Aが最も〜だ**」という最上級をつくります。

主語　動詞　　補語　　　　　修飾部

④　I　am　as tall　as my father.
➡ 私は父と同じくらい背が高いです。

主語　　　動詞　　　補語　　　　　修飾部

⑤　I　am not　as tall　as my uncle.
➡ 私はおじほど背が高くありません。

④は、補語tallをas〜as で挟んで「A is as〜as B」（**私はBと同じくらい〜です**）という原級をつくります。⑤はその否定文ですが、「**AはBほど〜ではありません**」という意味になるので注意しましょう。

主語　　　動詞　　　補語　　　　　　　　修飾部

⑥　English　is　more interesting　than math.
➡ 英語は数学よりも面白いです。

主語　　　動詞　　　補語　　　　　　　　修飾部

⑦　English　is　the most interesting　of all.
➡ 英語はすべての中で一番面白いです。

比較級でも、長い形容詞（例 interesting, important, difficultなど）の比較級は、**形容詞の前にmoreをつけて**、「A is more 形容詞 than B」で、「**AはBより〜です**」を表します。

同様に長い形容詞の最上級は「A is the most 形容詞」となり、「**A は最も〜だ**」の意味になります。

さまざまな比較表現

　ここでは、中学英語でも習った基本の比較表現よりも、少し高度な表現を学びます。少し難しいですが頑張ってついてきてくださいね。

① 主語 動詞 補語 修飾部
I　am　much older　than my sister.
　　➡ 私は妹よりもずっと年上です。

　比較級を「**ずっと**」と強めたいときは、very ではなく、much を使うのが決まりです。

② 主語 動詞 補語 修飾部
I　am　three years older　than my sister.
　　➡ 私は妹よりも3歳年上です。

③ 主語 動詞 補語 修飾部 修飾部
I　am　older　than my sister　by three years.
　　➡ 私は妹よりも3歳年上です。

　②と③は形容詞の比較級を使って**2人の人物の差**を具体的に示す方法です。
　比較級 older の前に「three years」と入れるか、または、最後に「by three years」とするか、どちらかを使います。

④ 　　　　主語　　　　　　　　　動詞　　　　　　　　　補語
　 My brother　is growing　taller and taller.
　　➡ 私の弟はますます背が高くなっています。

「比較級＋比較級」を使うことで、④のように「**ますます〜**」という
意味を表します。「ますます高くなる」の「なる」の部分が「is
growing」です。

⑤ 　　　主語　　　　　動詞　　　　　　補語　　　　　　　　修飾部
　 This room　is　by far the largest　of all.
　　➡ この部屋はすべての中でずっと一番大きいです。

⑥ 　　　主語　　　　　動詞　　　　　　補語　　　　　　　　修飾部
　 That room　is　the second largest　of all.
　　➡ あの部屋はすべての中で2番目に大きいです。

⑦ 　主語　動詞　　　　　　　補語　　　　　　　　　　修飾部
　 This　is　one of the largest lakes　of all.
　　➡ これはすべての中で最も大きい湖のひとつです。

　⑤のように、最上級を「**ずっと**」と強めるときは by far(もしくは
much) を使います。⑥のように、「**二番目に大きい**」は「the second
largest」、「**三番目に大きい**」なら「the third largest」といいます。
　⑦は「one of 最上級＋複数名詞」で「**最も〜なひとつ**」という意
味の文をつくることができます。

⑧ 　　　主語　　　　　動詞　　　　　　補語　　　　　　　　修飾部
　 This lake　is　twice as large　as that one.
　　➡ この湖はあの湖の2倍の大きさです。

補語のlargeを「twice as〜as」で囲むと「**2倍の大きさ**」という意味を示せます。「**3倍の大きさ**」なら「three times as〜as」、「**半分の大きさ**」なら「half as〜as」で示します。

主語 　　　　動詞　補語　　　　修飾部　　　　修飾部

⑨ **No other mountain　is　higher　than Mt.Fuji　in Japan.**
　➡ 日本では、ほかのどの山も富士山より高くありません。

「No other 単数名詞 is 形容詞er than B」で、「**ほかのどの…もBより〜ではない**」となります。

主語 　　　　動詞　補語　　　修飾部　　　　修飾部

⑩ **No other mountain　is　as high　as Mt.Fuji　in Japan.**
　➡ 日本では、ほかのどの山も富士山ほど高くありません。

「No other 単数名詞 is as 形容詞 as B」で、「**ほかのどの…もBほど〜ではない**」という意味になります。いずれの文もBの最上級になります。

主語　動詞　補語　　　　　　修飾部　　　　　　修飾部

⑪ **Mt. Fuji　is　higher　than any other mountain　in Japan.**
　➡ 日本では、富士山はほかのどの山よりも高いです。

⑪は、「A is 形容詞er than any other 単数名詞」で、「**Aはほかのどの…よりも〜です**」という最上級の意味になります。

では、ここでおさらいをしましょう。

括弧の中に１語ずつ入れて以下の日本語を英語に直しましょう。
答え合わせが終わったら、口に出して読んでみましょう。

主語	動詞	補語	修飾部

1. (　　)(　　　)(　)(　　)(　　　)(　　)that one.
➡ この問題(this problem)はあの問題(that one)より難しいです(difficult)。

2. This river (　)(　　　)(　　)(　　)(　　　)river in Japan.
➡ この川は日本ではほかのどの川よりも長いです。

3. I am(　　)(　)(　　　)(　) Ken.
➡ 私はケンほどお金持ち(rich)ではありません。

4. (　　)(　　)(　)(　　　)(　)(　　　)(　) that one.
➡ この湖(this lake)は、あの湖(that one)の半分の大きさです。

5. My brother (　)(　　)(　　　)(　　　)(　　)(　).
➡ 私の弟は私よりも5歳若いです。

2 「～すること」という補語

不定詞の名詞的用法

「to ＋動詞の原形」で表される不定詞は、「**～すること**」の意味で使われるのでしたね。補語になっても、それは同じです。

① My dream is to become a scientist.
主語　　　動詞　　　補語
➡ 私の夢は科学者になることです。

② Our plan is to climb Mt. Fuji next Sunday.
主語　　　動詞　　　補語　　　　　　　修飾部
➡ 私たちの計画は来週の日曜日に富士山に登ることです。

ここでは、「to become a scientist」（科学者になること）と、「to climb Mt. Fuji」（富士山に登ること）が文の補語になっています。**夢や計画など未来に関することは不定詞で書く**ことが多いのです。

不定詞の完了用法

次は不定詞を補語として使う際の、完了用法です。

① She seems to be sick.
主語　　動詞　　　補語
➡ 彼女は病気のように見えます。

5日目

補語の決め方 つくり方

133

② **She　seems　to have been sick.**
➡ 彼女は病気だったように見えます。

②の補語となっている「have＋過去分詞」は、現在形よりも時制がひとつ古いときに使われます。

①は、「be sick」（病気である）ときと、「seems」（見える）時点が同じなので、「seems to be sick」と現在形になっています。

②は「have been sick」（病気だった）のは過去のことで、「seems」（見える）のは今のことなので、時制がひとつ古いことを「have been」を用いて表しています。

また、P87で学んだit構文として①はIt seems that she is sick. ②はIt seems that she was sick. と書き直すこともできます。

補語としての動名詞

主語　　　　動詞　　　　　　補語

① **My hobby　is　taking pictures.**
➡ 私の趣味は写真を撮ることです。

主語　　　　　　　　　　動詞　　　　補語

② **My favorite pastime　is　listening to music.**
➡ 私の最も好きな娯楽は音楽を聴くことです。

「動詞の〜ing形」で表される動名詞もまた、不定詞の名詞的用法と同じく「〜すること」という意味を表します。

したがって、「taking pictures」は「**写真を撮ること**」、「listening to music」は「**音楽を聴くこと**」として、補語になります。

③ SがVするもの・ことという補語

whatを使ってつくる補語

主語　動詞　　　　　補語
① **This　is　just what I wanted.**
　　➡ これはちょうど私が欲しかった物です。

　第4日目で見たように (P117)、関係代名詞whatは先行詞をとらず、「what S + V」だけで、「SがVしたもの」「SがVしたこと」という意味を表すことができます。

　つまり、①は「what I wanted」で「私が欲しかった物」、さらにjustが加わることによって、全体としては「これはちょうど私が欲しかった物です」という文になります。

　この表現は、何かプレゼントをもらったときの感想としてピッタリですよね。よく使うフレーズなので、覚えて使ってみてください。

主語　　動詞　　　　　　補語
② **He　isn't　what he used to be.**
　　➡ 彼はもう昔の彼ではないです。

　②の「what he used to be」は **「彼が (S) 昔そうであった (V)もの」** というのが直訳ですが、要するに「昔の彼」という意味です。

　つまり「He isn't what he used to be.」は **「彼はもう昔の彼ではないです」** となります。

以下のイラストのように、Heのところを変えるだけで、いろいろな表現が可能です。

what she used to be （昔の彼女）

what they used to be（昔の彼ら）

what you used to be （昔のあなた）

③　主語　動詞　補語　　　　修飾部
This　is　what I ate　yesterday.
　　➡ これは私が昨日食べたものです。

③はこれまで紹介した慣用句的でないwhatの使い方の例です。
「**私が（S）食べた（V）もの**」というそのままの意味になります。

④ 事実は〜です という補語

that節, whether節でつくる補語

that節, whether節でも補語をつくることができます。

① <u>The fact</u> <u>is</u> <u>that she told a lie.</u>
　　　主語　　　動詞　　　補語
➡️ 事実は彼女が嘘をついていたということです。

② <u>The problem</u> <u>is</u> <u>that we don't know much about our history.</u>
　　　主語　　　　動詞　　　補語
➡️ 問題は私たちが私たちの歴史についてあまり知らないということです。

①、②はそれぞれ「**事実は that 以下です**」「**問題は that 以下です**」と、that節全体を補語にして、事実や問題を強調する表現になります。

③ <u>The question</u> <u>is</u> <u>whether he can eat raw fish.</u>
　　　主語　　　　動詞　　　補語
➡️ 疑問なのは彼が生魚を食べられるのかどうかということです。

③は、「〜するかどうか」の意味を持つwhetherを使い、「**疑問なのはwhether以下です**」と節全体を補語にしています。

whatと同じく、that節やwhether節の中をいろいろ変えることで、幅広い表現が可能です。

5日目 補語の決め方 つくり方

137

⑤ 自動詞＋分詞の補語

現在分詞と過去分詞を使った補語

第２文型の補語のつくり方についてはこれが最後です！

次は第５文型の補語のつくり方になりますので、もう一息、頑張りましょう！

以下のように、現在分詞（～ing形）と過去分詞もまた、補語になることができます。

主語	動詞	補語	修飾部

① **She kept reading for two hours.**

　➡ 彼女は２時間読み続けました。

①は「keep～ing」で「～し続ける」という意味です。

この文の「kept」をbe動詞wasに変えても文が成り立つ（She was reading for two hours.）ことから、この**keptはbe動詞と同じ役割をしている**ことに注意してください。

主語	動詞	補語	修飾部

② **My mother sat surrounded by her grandchildren.**

　➡ 私の母は孫たちに囲まれて座っていました。

②は、「**自動詞＋過去分詞**」で「**～されて…している**」の意味で使われます。

ここでもまた「sat」をbe動詞に変えても文が成り立つ（My mother was surrounded by her grandchildren.）ことを確認しましょう。

さて、ここでおさらいの時間です。

「不定詞の名詞的用法」の②（P133）、「補語としての動名詞」の①（P134）、「whatを使ってつくる補語」の③（P136）、「現在分詞と過去分詞を使った補語」の①（P138）をそれぞれ否定文と疑問文にしましょう。疑問文にはYesで答えましょう。

[解答]

「不定詞の名詞的用法」の②
Our plan isn't to climb Mt. Fuji next sunday. ／
Is your plan to climb Mt. Fuji next sunday? ／ Yes, it is.
「補語としての動名詞」の①
My hobby isn't taking pictures. ／ Is your hobby taking pictures? ／ Yes, it is.
「whatを使ってつくる補語」の③
This isn't what I ate yesterday. ／
Is this what you ate yesterday? ／ Yes, it is.
「現在分詞と過去分詞を使った補語」の①
She didn't keep reading for two hours. ／
Did she keep reading for two hours? ／ Yes, she did.

5日目　補語の決め方　つくり方

139

括弧の中に1語ずつ入れて以下の日本語を英語に直しましょう。
答え合わせが終わったら、口に出して読んでみましょう。

主語 動詞 補語
1. (　　)(　　　)(　　　)(　　)(　　　)(　)(　).
→ 彼女は昔の彼女ではないです。

主語 動詞 補語
2. The(　　　　)(　　　　)(　)(　　　)(　)(　　)(　　)(　　　　).
→ 大事なこと(thing)は私たちが助け合う(help each other)ことです。

主語 動詞 補語 修飾部
3. (　　)(　)(　　　)(　)(　　　) from　him.
→ これが私が彼から聞いたことです。

主語 動詞 補語 修飾部
4. (　　)(　　)(　　　) for(　　)(　　　).
→ 彼女は2時間歌い続けました。

解答

1. She isn't what she used to be.
2. The important thing is that we help each other.
3. This is what I heard from him.
4. She kept singing for two hours.

第5文型の補語

補語になる分詞

それでは次は第5文型 (S + V + O + C) の補語を見ていきましょう。

主語　　動詞　　目的語　　補語　　　　　修飾部
① **He kept me waiting for an hour.**
➡ 彼は私を1時間も待たせたままにしました。

「keep + O + 現在分詞」で「**Oを〜しているままにする**」という意味を表します。あくまで意味の上ですが、目的語が補語の主語となっています (I am waiting.)。

主語　　動詞　　目的語　　　　補語
② **We left the door unlocked.**
➡ 私たちはドアを開けたままにしました。

「leave + O + 過去分詞」で、「**Oを〜されたままにする**」の意味になります。目的語と補語との関係は、やはり、OがCの意味上の主語になっています (the door is unlocked.)。

補語になる知覚動詞

see, hear, feel など、見たり、聞いたり、感じたりすることを表す動詞を**知覚動詞**といいます。

知覚動詞は分詞や原形不定詞（動詞に to がつかない原形の不定詞）を補語にとります。

主語	動詞	目的語	補語

① **We　saw　a man　cross the street.**
→ 私たちは男性が道路を横切るのを見ました。

主語	動詞	目的語	補語

② **We　saw　a man　crossing the street.**
→ 私たちは男性が道路を横切っているのを見ました。

主語	動詞	目的語	補語

③ **We　saw　a girl　scolded by her mother.**
→ 私たちは女の子が母に叱られるのを見ました。

　①は、「see + ○ + 原形不定詞」で、「○が〜するのを見る」、②は、「see + ○ + 現在分詞」で、「○が〜しているのを見る」、③は、「see + ○ + 過去分詞」で「○が〜されているのを見る」という意味になります。
　①と②の違いがわかりにくいですが、①は「男性が道路を横切る」という動作を**最後まですべて見ていた**のに対し、②は**横切っている途中で目を離して最後まで見ていない**ことになります。

We saw a man cross the street.

We saw a man crossing the street

①、②、③ともに、目的語が補語の意味上の主語になっています（①は、A man crosses the street. ②はA man is crossing the street. ③は、A girl is scolded by her mother.）。

　同じく知覚動詞hearも見ていきましょう。

④　主語　動詞　　目的語　　　補語
　　I　heard　the boy　sing the song.
　　➡ 私はその男の子が歌を歌うのを聞きました。

⑤　主語　動詞　　目的語　　　補語
　　I　heard　the girl　playing the piano.
　　➡ 私はその女の子がピアノを弾いているのを聞きました。

⑥　主語　動詞　　目的語　　　補語
　　I　heard　my name　called.
　　➡ 私は自分の名前が呼ばれたのを聞きました。

　④は「hear＋〇＋原形不定詞」で、「〇が〜するのを聞く」、⑤は、「hear＋〇＋現在分詞」で「〇が〜しているのを聞く」、⑥は、「hear＋〇＋過去分詞」で「〇が〜されるのを聞く」の意味を表します。
　目的語と補語との関係は④「the boy sings the song.」、⑤「the girl is playing the piano.」、⑥「my name is called.」と、これまでと同じように、目的語が補語の意味上の主語になっています。

補語になる使役動詞

「〜させる」という意味を持つ動詞のことを使役動詞といい、make, have, letがこれにあたります。

| 主語 | | 動詞 | 目的語 | 補語 |
① **My mother　made　me　clean my room.**
　　➡ 私の母は私に自分の部屋を掃除させました。

「make ＋ ○ ＋原形不定詞」で、「**(強制的に)○に〜させる**」の意味を
表します。ここでもまた、目的語が補語の意味上の主語になっていま
す（I clean my room.）。

| 主語 | 動詞 | 目的語 | 補語 |
② **I　had　my uncle　repair my bike.**
　　➡ 私はおじさんに自転車を直してもらいました。

| 主語 | 動詞 | 目的語 | 補語 |
③ **I　had　my hair　cut.**
　　➡ 私は髪を切ってもらいました。

　②は、「have ＋ ○ ＋原形不定詞」で「**○に〜させる、〜してもらう**」
の意味になります。③は、「have ＋ ○ ＋過去分詞」で「**○を〜され
る、してもらう**」の意味になります。目的語は補語の意味上の主語に
なっています（My uncle repairs my bike. と My hair is cut.）。

| 主語 | 動詞 | 目的語 | 補語 |
④ **My father　let　me　go out.**
　　➡ 私の父は私を外出させてくれました。

「let ＋ ○ ＋原形不定詞」で、「**○が望むことをさせてくれる**」の意味
を表します。この文も目的語が補語の意味上の主語になっています
（I go out.）。

補語になるto不定詞

　to不定詞も補語になることがあります。例えば「ask ＋ 人 ＋ to〜」で、「**人に〜するように頼む**」という意味となります。この「ask」は「頼む」という意味で、「聞く」という意味ではありません。

　　　主語　　　動詞　　　目的語　　　　　補語
① **I　asked　him　to come with me.**
　　➡ 私は彼に一緒に来てくれるように頼みました。

I asked him to come with me.

人に〜するように頼む

　　　主語　　　　動詞　　　　目的語　　　　　　　補語
② **Tom　advised　me　to practice Kendo harder.**
　　➡ トムは私にもっと一生懸命剣道を練習するようにと忠告しました。

　②は「advise ＋ 人 ＋ to〜」という形で、「**人に〜するように忠告する**」という意味になります。これと同様の形をとる動詞とその例文をいくつか挙げておきましょう。

　　　主語　　動詞　　　目的語　　　補語
③ **I　want　you　to join us.**
　　➡ 私はあなたに私たちと一緒にやってほしい。

④
主語　　動詞　　目的語　　　　　補語

She   told   me   to get up earlier.

➡ 彼女は私にもっと早く起きるようにと言った。

⑤
主語　　　動詞　　　目的語　　　　　補語

He   allowed   me   to use his computer.

➡ 彼は私に彼のコンピュータを使うことを許可しました。

⑥
主語　　　　動詞　　　　目的語　　　　　補語

They   expected   me   to win the game.

➡ 彼らは私が試合に勝つことを期待していました。

　さて、今日の学習はこれで終わりです。後は、問題で理解度をチェックし、アウトプットができるようにしましょう。

文法ドリル・2

　「知覚動詞を使う補語」の①（P142）、「使役動詞を使う補語」の④（P144）、「補語になる to 不定詞」の②（P145）を否定文と疑問文にしましょう。その際、疑問文には Yes で答えましょう。

[解答]

「知覚動詞を使う補語」の①

We didn't see a man cross the street. ／

Did you see a man cross the street?／ Yes, we did.

「使役動詞を使う補語」の④

My father didn't let me go out. ／

Did your father let you go out? ／ Yes, he did.

「補語になるto不定詞」の②

Tom didn't advise me to practice Kendo harder. ／

Did Tom advise you to practice Kendo harder?／ Yes, he did.

括弧の中に1語ずつ入れて以下の日本語を英語に直しましょう。
答え合わせが終わったら、口に出して読んでみましょう。

1. (主語)(動詞)(目的語)(補語)( )guitar.
➡ 私は彼がギターを弾いているのを聞きました。

2. (主語)(動詞) my(目的語)(補語) by my father. 修飾部
➡ 私は時計を父に直して(repair)もらいました。

3. (主語)(動詞) an ( )( )(補語)in the park. 目的語
➡ 私は老人が公園で走っているのを見ました。

4. (主語)(動詞)(目的語)( )(補語)( )( ) with her homework. 補語
➡ 私の妹は私に彼女の宿題を助けてくれと頼みました。

5. (主語)(動詞)(目的語)(補語)shopping.
➡ 彼女は私を買い物に行かせました。

help 人 with 物：人の物を手伝う

[解答]

1. I heard him playing the guitar.
2. I had my watch repaired by my father.
3. I saw an old man running in the park.
4. My sister asked me to help her with her homework.
5. She made me go shopping.

次の文を読んで、日本語の部分を英語に直し、括弧内に1語ずつ入れましょう。答え合わせが終わったら、全文を何度か声に出して読みましょう。

「好きなスポーツ」のアンケートを見て、由紀が発表しています。
【サッカー 14票／野球10票／バスケ8票／テニス7票】

Yuki:　I asked my classmates what sports they liked.

① （サッカーはほかのどのスポーツよりも人気があります。）

② （サッカーはテニスの2倍の人気があります。）

The second most popular sport is baseball.

③ （野球はテニスより人気があります。）

④ （バスケットボールは野球ほど人気がありません。）

⑤ （たくさんの人が昨日のサッカーの試合を観たようです。）

①. 主語 動詞 補語 修飾部
( )( )( )( )( )( )( )( )in my class.

②. 主語 動詞 補語 修飾部
( )( )( )( )( )( ) tennis.

③. 主語 動詞 補語 修飾部
( )( )( )( )( )tennis.

④. 主語 動詞 補語 修飾部
( )( )( )( )( ) baseball.

⑤. 主語 動詞 補語 修飾部
( )( )( )( )( )( ) the soccer game yesterday.

［解答］

①. Soccer is more popular than any other sport in my class.

②. Soccer is twice as popular as tennis.

③. Baseball is more popular than tennis.

④. Basketball isn't as popular as baseball.

⑤. Many people seem to have watched the soccer game yesterday.

次の文を読んで、日本語の部分を英語に直し、括弧内に1語ずつ入れましょう。答え合わせが終わったら、全文を何度か声に出して読みましょう。

奈緒が自分の趣味について話しています。

Nao: ① （私の趣味はサイクリングです。）

Yesterday, I went cycling to the park.

② （私はそこでたくさんの鳥が鳴いている［sing］のを聞きました。）

After cycling, my bike was broken.

③ （私は明日父に自転車を直してもらう予定［be going to］です。）

５日目

補語の決め方　つくり方

|主語|動詞|補語||
①.（　　）（　　）（　　）（　　）.

|主語|動詞|目的語|補語|修飾部|
②.（　　）（　　）（　　）（　　）（　　）there.

|主語|動詞|目的語|補語|修飾部|
③.（ ）（ ）（ ）（ ）（ ）（ ）（ ）（ ）my bike tomorrow.

［解答］

①. My hobby is cycling.

②. I heard many birds singing there.

③. I am going to have my father repair my bike tomorrow.

1.

由紀： 私はクラスメートにどのスポーツが好きかを聞きました。

私のクラスではサッカーはほかのどのスポーツよりも人気があります。

サッカーはテニスの2倍の人気があります。

2番目に人気があるのは野球です。

野球はテニスより人気があります。

バスケットボールは野球ほど人気がありません。

たくさんの人が昨日のサッカーの試合を見たようです。

2.

奈緒： 私の趣味はサイクリングです。

昨日私は公園にサイクリングに行きました。

私はそこでたくさんの鳥が鳴いているのを聞きました。

サイクリングの後自転車が壊れました。

私は明日父に自転車を直してもらう予定です。

6日目

目的語の決め方 つくり方

　動詞、主語、補語と見てきたので、今日は第3、第4、第5文型で使う目的語の決め方とつくり方を学びます。

　そろそろ文型で使うパーツがすべて揃うことになり、英文の基本をマスターするまで後一歩です。

　後半戦も一緒に頑張りましょう！

今日はこれができるようになる！

- ☑ 名詞、代名詞を用いて、適切な目的語を導ける。
- ☑ 不定詞・動名詞を用いて、適切な目的語を導ける。
- ☑ that節、whether(if)節を用いて、目的語を導ける。
- ☑ 関係代名詞what、複合関係代名詞を用いて、適切な目的語を導ける。

① 目的語になる 名詞・代名詞

目的語になる名詞

目的語の代表格といえば名詞ですね。

　　主語　　動詞　　　　　　　　　目的語
① **I　know　her telephone number.**
　　➡ 私は彼女の電話番号を知っています。

これは第3文型（S＋V＋O）に入る目的語としての名詞です。

　　主語　　動詞　　　　目的語　　　　目的語
② **I　gave　my sister　a sweater.**
　　➡ 私は妹にセーターをあげました。

　こちらは第4文型（S＋V＋O＋O）に入る目的語としての名詞です。第4文型では、最初の目的語は「人」を表す名詞、2番目の目的語は「物」を表す名詞、でしたね（P33）。

　　主語　　動詞　　　　目的語　　　　　補語
③ **I　found　geography　interesting.**
　　➡ 私は地理が面白いとわかりました。

　こちらは第5文型に入る目的語としての名詞の例です。第5文型の特徴は、O＝Cの関係が成り立つことでしたね（P36）。

目的語になる代名詞

次は目的語になる 3 種類の代名詞です。

所有代名詞

主語　動詞　　　　　　　目的語

① I　met　a friend of mine.

　→ 私は私の友達のひとりに会いました。

「**私の友達のひとり**」と言いたいとき、my と a, an, the は一緒に使えないことから、a my friend とは言わずに、a friend of mine という言い方をします。

「あなたの友達のひとり」なら、a friend of yours となります。

不定代名詞

不特定の何かを指して使うのが不定代名詞でしたね。

まず、不定代名詞 one と人称代名詞 it を比べてみてください。

I　lost　my dictionary yesterday.

　→ 私は昨日辞書をなくしました。

主語　　　動詞　　　　　目的語

② I　must buy　a new one.

　→ 新しいのを買わなければいけません。

②の不定代名詞の one は、前文の名詞の dictionary を受けていますが、どれかひとつに決まった辞書ではなく、**不特定なひとつの辞書**です。

対して、人称代名詞 it を見てみましょう。

Did you bring the textbook?

→ その教科書を持ってきましたか。

③ 　　　主語　　　　動詞　　　　目的語
　"No, I　didn't bring　it."

→ いいえ。私はそれを持ってきませんでした。

　③のitは前文の名詞のthe textbookを指し、theがついているように、あなたが持ってくるはずの、**ある特定の教科書**を指しています。このように、不定代名詞oneは、**不特定な何かひとつ**を指し、人称代名詞のitは**特定の何かひとつ**を指す、という違いがあります。

② I must buy a new one.
　　　　　　　　　↑
　　　　　　　不定代名詞

③ "No, I didn't it."
　　　　　　↑
　　　　人称代名詞

　では、ほかの不定代名詞もいくつか見ていきましょう。

④ 　主語　　　　　動詞　　　　　　　目的語
　Would you　like　another cup of coffee?

→ コーヒーをもう1杯いかがですか。

　これは、不定代名詞anotherの使い方で、どれでもよいので「どれか1杯の」という意味を表します。

⑤ **I　have　some water.**

➡️ 私はいくらかの水を持っています。

⑥ **I　don't have　any water.**

➡️ 私は水を持っていません。

⑦ **Do you　have　any?**

➡️ あなたはいくらか持っていますか。

　⑤、⑥、⑦では、**不定代名詞 some と any の使い分け**を示しています。基本的には肯定文では「いくらかの」は some, 疑問文と否定文では any が使われます。

⑧ **Would you　like　some tea?**

➡️ いくらかの紅茶はいかがですか。

　しかしながら、⑧のように、相手に何かを勧めるときや、相手の答えに Yes を期待するときは、**疑問文でも some が使われます。**

再帰代名詞

動作の目的語が自分自身であるときの代名詞が、再帰代名詞です。

⑨ **He　fell down　the stairs　and　he　hurt　himself.**

➡️ 彼は階段から落ちてけがをしました。

再帰代名詞は、myself（私自身）, yourself（あなた自身）, himself（彼自身）, herself（彼女自身）, ourselves（私たち自身）, yourselves（あなたたち自身）, themselves（彼ら、彼女ら自身）などがあります。

⑨も hurt（けがをさせる）という動作の目的語が自分自身であるので再帰代名詞（himself）を使っています。直訳だと「自分自身にけがをさせた」という意味になりますが、不自然なので「**けがをした**」と訳します。

それでは、おさらいの時間です。

練習問題・1

括弧の中に1語ずつ入れて以下の日本語を英語に直しましょう。答え合わせが終わったら、口に出して読んでみましょう。

　　　　主語　動詞　　　目的語　　　　　主語　　　動詞　　　　　目的語
1. I broke　the　vase. So, (　　)(　　)(　　) a(　　)(　　).
➡ 私は花瓶（vase）を壊してしまいました。だから新しいのを買うつもり（will）です。

　　　　主語　　　動詞　　　　　　　　　目的語
2. (　　)(　　)(　　)(　　)(　　)(　　)(　　)?
➡ もうひとつ（another, piece of）ケーキはいかがですか?

　　　　主語　　動詞　　目的語
3. (　　)(　　)(　　).
➡ 彼らは楽しいときを過ごしました（enjoy oneself）。

　　　　主語　　　動詞　　　　　目的語　　　　　　修飾部
4. Did he　(　　)(　)(　　)(　　)(　　) to　you?
➡ 彼はあなたに彼の友人のひとりを紹介（introduce）しましたか?

［解答］

1. I broke the vase. So, I will buy a new one.

2. Would you like another piece of cake?

3. They enjoyed themselves.

4. Did he introduce a friend of his to you?

156

② 目的語になる 不定詞・動名詞

目的語になる不定詞・動名詞

動詞も不定詞や動名詞となることで目的語になれます。

動詞によって「後ろの目的語に不定詞をとる動詞（動名詞はとらない）」、「動名詞をとる動詞（不定詞はとらない）」、「不定詞も動名詞も両方をとる動詞」、「不定詞も動名詞もとるが、意味が異なる動詞」の４タイプに分かれます。

これからひとつひとつを見ていきましょう。

不定詞を目的語にとる動詞（動名詞はとらない）

主語　　動詞　　　　　　　目的語

① I decided to become a cook.

➡ 私は料理人になることを決心しました。

主語　　動詞　　　　目的語　　　　　修飾部

② I expect to see him at the party.

➡ 私はそのパーティーで彼に会うことを期待しています。

①、②のように、decide（決心する）やexpect（期待する）は、不定詞を目的語にとる動詞です。「**決心**」や「**希望**」を表す動詞は不定詞をとることが多いです。

動名詞はここでは使われません。このような使い方をする語の仲間に、want（〜したい）, wish（希望する）, hope（望む）, determine（決心する）, refuse（拒否する）, pretend（〜のふりをする）などがあります。

157

③   主語   動詞   目的語

③ **I   promised   not to tell a lie.**

  ➡ 私は嘘をつかないことを約束しました。

「～しないこと」と、不定詞を否定の意味にするには、to の前に not をつけます。「promise to do」は、「to 以下をすることを約束する」ですが、③のように「promise not to do」とすると、「**to 以下をしないことを約束する**」という意味になります。

動名詞を目的語にとる動詞（不定詞はとらない）

    主語   動詞   目的語

④ **My aunt   enjoys   cooking Japanese food.**

  ➡ 私のおばさんは日本食を料理して楽しみます。

    主語   動詞   目的語

⑤ **My father   gave up   smoking.**

  ➡ 私の父はたばこを吸うのをやめました。

④や⑤のように、enjoy, give up は**目的語に不定詞をとらず、動名詞をとる動詞**です。この仲間の動詞の覚え方として、有名な語呂合わせがありますので、以下のイラストで紹介します。

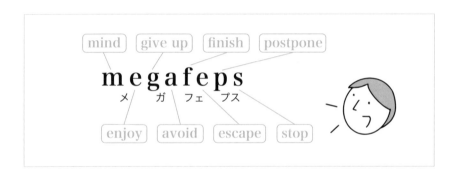

mind   give up   finish   postpone

megafeps
メ ガ フェ プス

enjoy   avoid   escape   stop

⑥　　　主語　　　　動詞　　　　　　　　　　目的語

I　admitted　not saying "thank you".

➡️ 私はお礼を言わなかったことを認めた。

「admit〜ing」は、「〜することを認める」の意味ですが、「〜しないことを認める」は、「admit not 〜ing」で、動名詞の前にnotをつけて表します。

⑦　　　　　主語　　　　　　　動詞　　　　　　　　　　　目的語

My brother　doesn't mind　me using his bike.

➡️ 私の兄は私が彼の自転車を使うことを嫌がっていません。

　動名詞「〜ing」の**意味上の主語**を書きたいときは、⑦の文のように、動名詞usingの前にmyやmeをつけます。

不定詞と動名詞の両方とも目的語にとる動詞

⑧　主語　動詞　　　　目的語

I　like　to sing songs.
I　like　singing songs.

➡️ 私は歌を歌うことが好きです。

⑨　　主語　　　　動詞　　　　目的語

Miki　started　to run.
Miki　started　running.

➡️ ミキは走り始めました。

　⑧と⑨は不定詞、動名詞ともに目的語になる動詞です。
　この動詞の仲間には、begin, love, continueなどがあります。

不定詞も動名詞もとるが、意味が異なるもの

動詞　　　　　　　目的語

⑩ **Don't forget　to post this letter.**

➡ この手紙をポストに投函するのを忘れないで。

主語　動詞　　　目的語

⑪ **I　forgot　meeting her.**

➡ 私は彼女に会ったことを忘れていた。

⑩の「forget to do」は、「(これから)〜することを忘れる」という意味になりますが、同じforgetでも、⑪は「forget 〜ing」で「(過去において)〜したことを忘れる」という意味になります。

動詞　　　　　　目的語

⑫ **Remember　to call me at 8:00 tonight.**

➡ 今晩8時に私に電話することを覚えていてください。

主語　　動詞　　　　目的語

⑬ **I　remembered　telling him a lie.**

➡ 私は彼に嘘をついたことを覚えています。

こちらも、⑫の「remember to do」は、「(これから)〜することを覚えている」の意味ですが、⑬の「remember〜ing」は、「(過去において)〜したことを覚えている」という意味になります。

主語　動詞　　　　　目的語

⑭ **I　regret　to tell you the truth.**

➡ 私は残念ながらあなたに真実を話さなければなりません。

⑮ **I regret   telling you the truth.**

➡ 私はあなたに真実を話したことを後悔しています。

　こちらも、⑭の「regret to do」は、「(これから)**残念ながら〜し
なくてはならない**」の意味ですが、⑮の「regret 〜ing」は「**(過去に
おいて)〜したことを後悔している**」の意味になります。

　ちなみに、動名詞には前置詞の目的語になる役割もあります。

主語　動詞　　　補語　　　　　　　修飾部

I   am   proud   of being honest.

➡私は正直であることに誇りを持っている。

　この文では、動名詞being が前置詞of の目的語になっています。
では、ここでおさらいをしておきましょう。

文法ドリル・1

　「目的語になる名詞」の③ (P152)、「目的語になる不定詞・動名
詞」の① (P157)、④ (P158) をそれぞれ否定文と疑問文にしまし
ょう。その際に疑問文にはYesで答えましょう。

[解答]

「目的語になる名詞」の③

I didn't find geography interesting. /

Did you find geography interesting? / Yes, I did.

「目的語になる不定詞・動名詞」の①

I didn't decide to become a cook. /

Did you decide to become a cook? / Yes, I did.

「目的語になる不定詞・動名詞」の④

My aunt doesn't enjoy cooking Japanese food. /

Does your aunt enjoy cooking Japanese food? / Yes, she does.

練習問題・2

括弧の中に1語ずつ入れて以下の日本語を英語に直しましょう。答え合わせが終わったら、口に出して読んでみましょう。

1. 主語（ ）動詞（ ）（ ）（ ）（ ）（ ）again.
→ 私は二度と遅れ（be late）ないようにしようと決心した（decide to do）。

2. 主語（ ）動詞（ ）（ ）（ ）（ ）homework.
→ 宿題をやる（do your homework）のを忘れないで。

3. 主語（ ）動詞（ ）（ ）（ ）harder.
→ 私はもっと（harder）勉強する必要があります（need to do）。

4. It （ ）（ ）（ ）.
→ 雨は降りやみ（stop）ませんでした。

5. 主語（ ）動詞（ ）（ ）（ ）the piano.
→ 私は彼女がピアノを弾くのが好きです。

6. 主語（ ）動詞（ ）（ ）to me.
→ 彼は私と話したこと（talking to me）を覚えていました。

[解答]
1. I decided not to be late again.
2. Don't forget to do your homework.
3. I need to study harder.
4. It didn't stop raining.
5. I like her playing the piano.
6. He remembered talking to me.

162

③ 目的語になる it など

目的語になる動名詞の完了形

完了形となった動名詞が目的語になる場合、意味の解釈に注意が必要になります。

主語　動詞　　　　　目的語
① **I deny having said so.**
→ 私はそのように言ったことを否定します。

主語　　動詞　　　　　　目的語
② **I denied having said so.**
→ 私はそのように言ったことを否定しました。

「deny 〜ing」で、「**〜することを否定する**」の意味です。
　その目的語となっている「having +過去分詞」ですが、これは動詞denyまたは、deniedよりも **say so した時点のほうが古い**ことを表しています。

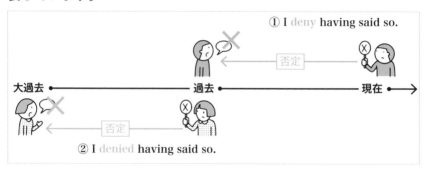

つまり、①は「そのように言った」のが、「否定する」時点よりも時制がひとつ古いことを示しています。that節を使うと、I deny that I said so. と書き換えられます。

②は、「そのように言った」時点が「否定した」という過去の時点よりも、さらに古いことを示しています。こちらもthat節を使うと、I denied that I had said so. と書き換えられます。

仮目的語になるit

主語　　　　動詞 仮目的語　補語　　　　　　真目的語
① **The students found it interesting to learn about history.**
➡ その生徒たちは歴史を学ぶことが面白いとわかりました。

次は仮目的語としてitを置くケースについて説明します。①の本当の目的語は「to learn about history」ですが、長いため目的語の位置には入れず、代わりにとりあえずitを入れておき、後ろで真目的語としてのto不定詞「to learn about history」を置いています。

目的語になる疑問詞＋to不定詞

次はwhat to do, when to do などが目的語になる場合です。

主語　　　　動詞　　　　　　　目的語　　　　　　　修飾部
① **I didn't know what to say at the time.**
➡ 私はそのとき、何と言っていいかわからなかったです。

主語　　　　動詞　　　　　　　　　　　目的語
② **He knows where to buy vegetables.**
➡ 彼は野菜をどこで買ったらいいか知っています。

ここでは、「疑問詞＋to do」の形が目的語になるケースを学びます。例えば①のように、「what to say」ならば「**何と言ったらいいか**」、②のように「where to buy」ならば「**どこで買ったらいいか**」という意味で目的語になります。

　ほかにも、「when to leave home」ならば「**いつ家を出発したらいいか**」、「which book to read」なら「**どちらの本を読んだらいいか**」といったバリエーションで使えますので、ぜひいろいろな語句に変えて使ってみてください。

<table>
<tr><td>主語</td><td>主語</td><td>目的語</td></tr>
</table>

③ **The boy　knows　how to use the computer.**

　➡️その少年はコンピュータの使い方を知っています。

「how to do」に限って、「**〜の仕方**」「**〜のやり方**」という意味があります。頻出表現になりますので、覚えてしまいましょう。

　それでは、また、練習問題をしておきましょう。

文法ドリル・2

　「目的語になる動名詞の完了形」の①（P163）、「仮目的語になるit」の①、「目的語になる疑問詞＋to不定詞」の③を、それぞれ否定文と疑問文にしましょう。疑問文にはyesで答えましょう。

[解答]

「目的語になる動名詞の完了形」の①

I don't deny having said so. ／ Do you deny having said so? ／ Yes, I do.

「仮目的語になるit」の①

The students didn't find it interesting to learn history. ／
Did the students find it interesting to learn history? ／ Yes, they did.

「目的語になる疑問詞＋to不定詞」の③

The boy doesn't know how to use the computer. ／
Does the boy know how to use the computer? ／ Yes, he does.

括弧の中に1語ずつ入れて以下の日本語を英語に直しましょう。
答え合わせが終わったら、口に出して読んでみましょう。

1. 　主語　　　動詞　　　　　目的語
(　)(　　)(　)(　)( )(　) my uncle.
→ 私はいつおじさんを訪ねたらよいかわからなかったです。

2. 　主語　　動詞　　　　目的語
(　)(　　)(　　)(　　)the money.
→ 彼はお金を盗んだ(stolen)ことを否定しました(denied)。

3. 　主語　　　動詞　目的語　補語　　　　　　真目的語
We (　　)( )(　　)( )(　) the (　　　).
→ 私たちはその車椅子(wheelchair)を動かす(move)のは難しいとわかりました(found)。

4. 　主語　　動詞　　　目的語
(　)(　　)(　)( )(　) his bike.
→ 彼は自分の自転車の直し(repair)方を知っていました。

[解答]

1. I didn't know when to visit my uncle.

2. He denied having stolen the money.

3. We found it difficult to move the wheelchair.

4. He knew how to repair his bike.

4 目的語になる節

目的語になるthat節

次は**目的語が節になる**ケースについて、まとめて学習します。

　　主語　　　　動詞　　　　　　　　　　　　目的語
① **I can't believe that he loves me.**
→ 私は彼が私のことを愛しているとは信じられません。

　①は、**目的語がthat節になる**文の例です。この構文で使える動詞は多く、例えば、think, know, say, suggestなどがあります。

　　主語　　動詞　　目的語　　　　　　　　　　目的語
② **He told me that he passed the exam.**
→ 彼は私に試験に合格したと言いました。

　②は、第4文型の目的語になるthat節の例です。「tell＋人＋that節」で「**人にthat以下のことを話す**」という意味になります。

　　主語　　　動詞　　　　　　　　　　目的語
③ **I wonder if I should go with them.**
→ 私は彼らと一緒に行ったほうがいいのかなあと思っています。

　③の「wonder if〜」は熟語のように使われ「**〜かなあと思う**」などと訳されます。if節が目的語となる、第3文型の文です。

167

④ **I will ask him whether (if) he has 10,000 yen.**
➡️ 私は彼に1万円持っているかどうか聞くつもりです。

④は「ask 人 whether (if) ～」で「**人に～かどうかを聞く**」という
意味になります。whether や if の部分が「～かどうか」の部分になる
ので「人に」「～かどうか」を聞くという第4文型の文になります。

⑤ **I am sure that our team will win the next game.**
➡️ 私は次の試合で私たちのチームが勝つと確信します。

「be 動詞＋形容詞」をひとつの動詞のように考え、その後に、that 節
をつなげることもできます。⑤の文がその例です。

目的語になる疑問詞節

次に、疑問詞節が目的語になる例を見てみましょう。
まず、疑問詞節のつくり方ですが、例えば、疑問文で、

When is her birthday?

という文があったとします。これを「I know（私は知っている）」とつ
なげて「私は彼女の誕生日がいつかを知っている」という文をつくり
たいときは、is her birthday の部分を肯定形に戻します。

When her birthday is

そして、I know につなげます。

①　　主語　　動詞　　　　　　　目的語
I　know　when her birthday is.

➡️ 私は彼女の誕生日がいつかを知っています。

　という文ができます。すなわち「疑問詞＋肯定文の語順」で「疑問詞節」をつくることができます。また、以下のように疑問詞節を使って第４文型を構成することも可能です。

②　　主語　　動詞　目的語　　　　　　　　目的語
She asked me what time I got up this morning.

➡️ 彼女は私に今朝何時に起きたかを聞きました。

目的語になる関係代名詞what

　読者の皆さんは、もうお気づきかもしれませんが、**主語になることができるものの大部分は補語にも目的語にもなれます**。名詞、名詞句、名詞節のグループです。

　関係代名詞whatもそのひとつです。

①　　主語　　　　動詞　　　　　目的語
I　can't believe　what he said.

➡️ 私は彼が言ったことを信じられません。

②　　主語　　動詞　目的語　　　　目的語
He　told　me　what he read.

➡️ 彼は私に彼が読んだことを話してくれました。

　①は第３文型、②は第４文型の目的語として使われています。

6
日
目

目
的
語
の
決
め
方
　
つ
く
り
方

目的語になる複合関係代名詞

whoever（〜する人は誰でも）, whatever（〜するものは何でも）, whichever（〜なものはどちらでも）のように、関係代名詞 who, what, which など ever をつけたものを**複合関係代名詞**といいます。

これらに動詞などをつけると、名詞節をつくるので、文の目的語になることができます。

① **Our club　admits　whoever likes English.**
　　　主語　　　　動詞　　　　　　目的語

➡ 私たちのクラブは英語が好きな人なら誰でも受け入れます。

①の whoever は、anyone who と置き換えることも可能です。

② **You　can take　whichever CD you like.**
　　主語　　動詞　　　　　　目的語

➡ あなたはどちらでも好きな CD を持っていっていいですよ。

②の whichever CD についても、any CD which と置き換えられ「好きなほうをどちらでも」という意味を表しています。

③ **You　can eat　whatever you like.**
　　主語　　動詞　　　　目的語

➡ あなたは好きな物は何でも食べていいですよ。

③の whatever は、anything that〜と置き換えられ、「好きな物は何でも」という意味になります。
今日の学習はこれで終わりです。お疲れ様でした。
最後に問題練習をしっかりやっておきましょう。

「目的語になるthat節」の②（P167）、④（P168）、「目的語になる関係代名詞what」の②（P169）を否定文と疑問文にし、疑問文にはYesで答えましょう。

[解答]

目的語になるthat節②
He didn't tell me that he passed the exam.
Did he tell you that he passes the exam? ／ Yes, he did.

目的語になるthat節④
I won't ask him whether he has 10,000 yen.
Will you ask him whether he has 10,000 yen? ／ Yes, I will.

目的語になる関係代名詞what②
He didn't tell me what he read. ／ Did he tell you what he read? ／ Yes, he did.

練習問題・4

括弧の中に1語ずつ入れて以下の日本語を英語に直しましょう。答え合わせが終わったら、口に出して読んでみましょう。

1.　主語　動詞　目的語
I didn't(　　　)(　　)(　)(　　).
→ 私は彼が言ったことがわかりませんでした(understand)。

2.　主語　動詞　目的語　目的語
(　) often(　　)(　)(　) natto(　)(　　　　).
→ 彼はよく私たちに納豆はおいしい(delicious)かと尋ねます。

3.　主語　動詞　目的語
(　) will(　　)(　　　　)(　　)(　　).
→ (私は)あなたが欲しい物は何でも買ってあげます(will buy)よ。

4.　主語　動詞　目的語　目的語
(　)(　)ask (　　)(　　　)(　　　)(　)(　).
→ 彼女は彼女のお父さんにどこにいるの?と尋ねるつもりです(will ask)。

[解答]
1. I didn't understand what he said.
2. He often asks us if natto is delicious.
3. I will buy whatever you want.
4. She will ask her father where he is.

6日目 目的語の決め方 つくり方

次の文を読んで、日本語の部分を英語に直し、括弧内に1語ずつ入れましょう。答え合わせが終わったら、全文を何度か声に出して読みましょう。

Have you ever heard of Chris Moon?
He was a marathon runner with an artificial leg.
He lost his leg while he was clearing landmines.
① （彼はマラソンを走り始めた） although his doctor said it was impossible.
② （彼は決して走ることをあきらめなかった） even though he runs very slowly.
③ People often ask him （なぜ彼はマラソンを走るのか。）
He says,"I'd like to let many people know more about landmines."

①. (主語)(動詞)( )( )a marathon

②. (主語)(動詞)( )( )( )

③. People often ask him ( )( )( )marathons.
   主語   動詞   目的語   目的語

［解答］
①. He began to run a marathon
②. He never gave up running
③. People often ask him why he runs marathons.

172

次の文を読んで、日本語の部分を英語に直し、括弧内に1語ずつ入れましょう。答え合わせが終わったら、全文を何度か声に出して読みましょう。

A new comer: ① （私はこのクラブに入れるのかなあと思ってまして）

Sempai: No problem.

② （私たちのクラブはテニスが好きな人なら誰でも入れますよ）

A new comer: Thank you. I don't have a racket.

③ （新しいのを買わないといけないな）

　　　　主語　　動詞　　　　　　　目的語
①. (　　)(　　)(　)(　　)can join this club.

　　　　　　主語　　　　動詞　　　　目的語
②. (　　)(　　) admits (　　)(　　)(　　).

　　　　主語　　　動詞　　　　目的語
③. (　　)(　　)(　　) a(　　)(　　).

[解答]

①. I wonder if I can join this club.

②. Our club admits whoever likes tennis.

③. I must buy a new one.

6日目

目的語の決め方　つくり方

1.

クリス・ムーンについて聞いたことがありますか？

彼は義足のマラソンランナーです。

彼は地雷を除去しているとき、片足を失いました。

彼は医者が無理だといったのに、マラソンを走り始めました。

とてもゆっくりと走っていても、彼は走ることをあきらめませんでした。

人々はよくなぜマラソンを走るのか、と聞きます。

彼は言います、"たくさんの人々に地雷について知ってもらいたい"と。

2.

新入部員： 私はこのクラブに入れるのかなあと思ってまして。

先輩： 問題ないよ。

私たちのクラブはテニスが好きな人なら誰でも入れますよ。

新入部員： ありがとう。私はラケットを持っていない。

新しいのを買わないといけないな。

7日目

修飾部の決め方 つくり方 ①

　動詞、主語、補語、目的語と勉強してきましたね。
　というわけで今日は残りの修飾部分です。名詞を修飾する形容詞句、形容詞節と、名詞以外を修飾する副詞句、副詞節について学びます。これらをマスターすれば、英語で言いたいことが言えるようになります！　頑張りましょう。

今日はこれができるようになる！

- ☑ 副詞を用いて適切な修飾部分を導ける。
- ☑ 不定詞を用いて適切な修飾部分を導ける。
- ☑ 分詞を用いて適切な修飾部分を導ける。
- ☑ 関係代名詞を用いて適切な修飾部分を導ける。

副詞による
さまざまな修飾

副詞の種類と位置

　形容詞が名詞を修飾（説明）する（P11）のに対し、**副詞は、動詞、形容詞、副詞、文全体などを修飾（説明）します。**

　　　主語　　　動詞　　　修飾部
① **She　speaks　quickly.**
　　➡ 彼女は速く話します。

　①は、quickly（速く）が副詞で、speaks（話す）という動詞を説明しています。すなわち「**速く話す**」、ということになります。
　動詞を説明する副詞は、動詞の後に置かれることが多いです。

　　　主語　　　動詞　　　　修飾部
② **She　speaks　very quickly.**
　　➡ 彼女はとても速く話します。

　②は、very（とても）がquickly（速く）という**副詞を説明**しています。

　　　主語　　動詞　　　　　　補語
③ **They　are　very good tennis players.**
　　➡ 彼らはとてもよいテニス選手です。

　③は、very（とても）がgood（よい）という**形容詞を説明**しています。

修飾部　　　　　主語　　　　動詞　　　　　目的語

Unfortunately, he couldn't meet her.

➡ 不幸なことに、彼は彼女に会えませんでした。

④は、unfortunately（不幸なことに）が、**その後の文全体を説明して**います。全体を説明する副詞は文の最初に置かれることが多いです。

主語　　修飾部　　動詞　　　修飾部　　　　　修飾部

⑤ **I usually go to school by bike.**

➡ 私はたいてい自転車で学校へ行きます。

主語　動詞　　修飾部　　　　修飾部　　　　　修飾部

⑥ **I am always at home on Sundays.**

➡ 私は日曜日はいつも家にいます。

⑤の usually（たいていは）, ⑥の always（いつもは）, often（よく）, sometimes（ときどき）, never（一度も〜ない）などと合わせて、**頻度を表す副詞**の仲間です。

　頻度を表す副詞は、一般動詞の前、be動詞の後ろに置かれます。

比較する副詞

次は比較を表す副詞についてです。

主語　　　動詞　　　修飾部　　　修飾部

① **She swims faster than Kate.**

➡ 彼女はケイトよりも速く泳ぎます。

これは**副詞 fast を比較級にして**つくられた文です。

②　　主語　　　　動詞　　　　　　修飾部　　　　　　　　修飾部

② **She　swims　(the)fastest　in her class.**
➡️ 彼女はクラスの中で一番速く泳ぎます。

②は、**副詞fastを最上級**にしてできた文です。このとき、副詞の最上級は、前のtheを取ってもいいことになっています。

　　　主語　　　　動詞　　　　修飾部　　　　　　修飾部

③ **She　swims　as fast　as her sister.**
➡️ 彼女は彼女の姉と同じくらい速く泳ぎます。

③は副詞fastの**原級の文**にあたりますね。
　fastは副詞の中では短い単語なので、次は、長い単語のときはどうするかを考えていきましょう。

　　　　主語　　　　　動詞　　　　　修飾部　　　　　　　　修飾部

④ **Mr. Suzuki　walks　more slowly　than Mr. Tanaka.**
➡️ 鈴木さんは、田中さんよりもゆっくりと歩きます。

　　　　主語　　　　　動詞　　　　　修飾部　　　　　　　修飾部

⑤ **Mr. Suzuki　walks　(the)most slowly　of the three.**
➡️ 鈴木さんは、3人の中で最もゆっくりと歩きます。

　　　　主語　　　　　動詞　　　　　修飾部　　　　　　　修飾部

⑥ **Mr. Suzuki　walks　as slowly　as Mr. Smith.**
➡️ 鈴木さんはスミスさんと同じくらいゆっくりと歩きます。

　slowlyのように、lyがつくものや、長い副詞の場合は、形容詞と同じように、more〜, (the) most〜 という形になります。

⑥は長い単語の原級です。as～as…の場合は、そのまま、asとas の間に挟めばよいのです。

不定詞の副詞的用法

続いて不定詞の副詞的用法について解説します。

　　主語　　動詞　　　目的語　　　　　　　　　修飾部
① I visited London in order to meet my uncle.
　　➡ 私はおじさんに会うためにロンドンを訪れました。

　①は、「in order to不定詞」で「**to以下するために**」という目的 を表します。in order to meet my uncle（おじさんに会うために）は、 直接visited（訪れた）を説明する副詞句となっています。
　ちなみに口語ではin orderは省略されることも多いです。

　　主語　動詞　　　補語　　　　　　修飾部
② I am pleased to hear the news.
　　➡ 私はこのニュースを聞いてうれしいです。

　②もまた、to hear the news（そのニュースを聞いて）が形容詞 pleased（うれしい）にかかる不定詞の副詞的用法で、「**to以下して～ だ**」という構文になっています。

　　主語 動詞　　　　補語　　　　　　　　修飾部
③ It is very kind of you to help me.
　　➡ 私を手伝ってくださるなんてあなたはとても親切ですね。

　③もまた不定詞の副詞的用法で、「**to以下するとは、なんて～なん**

だ」という意味の構文です。to help me（私を手伝ってくださるなんて）がkind（親切な）を説明し、「あなたは親切だ」ということの判断の根拠を示しています。

　ここで、おさらいをしておきましょう。
　以下の問題にチャレンジして、理解できたか、文がつくれるかをチェックしましょう。

文法ドリル・1

「副詞の種類と位置」の①（P176）、「不定詞の副詞的用法」の①（P179）、②（P179）を否定文と疑問文にし、疑問文にはYesで答えましょう。

［解答］

「副詞の種類と位置」の①
She doesn't speak quickly. ／ Does she speak quickly? ／ Yes, she does.
「不定詞の副詞的用法」の①
I didn't visit London in order to meet my uncle. ／
Did you visit London in order to meet your uncle? ／ Yes, I did.
「不定詞の副詞的用法」の②
I am not pleased to hear the news. ／
Are you pleased to hear the news? ／ Yes, I am.

練習問題・1

括弧の中に1語ずつ入れて以下の日本語を英語に直しましょう。
答え合わせが終わったら、口に出して読んでみましょう。

1.
<small>主語／動詞／修飾部／修飾部</small>
( )( )( )( )( )( )my family.
➡ 私の妹は、私の家族の中で一番早く(earliest)起きます。

2.
<small>主語／動詞／補語／修飾部</small>
( )( )( )( )( )the story.
➡ 私たちはその物語を読んで悲しかったです。

3.
<small>主語／動詞／補語／修飾部</small>
( )( )( )( )( )( )( )such a thing.
➡ そんなこと(such a thing)を言う(say)なんて、彼はなんて不注意(careless)なのでしょう。

4.
<small>主語／動詞／修飾部／修飾部</small>
( )( ) to Canada ( )( )( ).
➡ 彼は英語を勉強するためにカナダへ行きました。

5.
<small>主語／動詞／目的語／修飾部／修飾部</small>
( )( )( )( )( )( ) her sister.
➡ 彼女は彼女の妹よりも上手に(better)ピアノを弾きます。

[解答]

1. My sister gets up earliest in my family.
2. We were sad to read the story.
3. It is careless of him to say such a thing.
4. He went to Canada to study English.
5. She plays the piano better than her sister.

<small>7日目 修飾部の決め方 つくり方①</small>

② 名詞を修飾する語句

次は前の名詞を修飾する語句について解説していきます。まず、前置詞句は、名詞の後に置かれ、前の名詞を説明する役割をします。

　　　　　　　　　主語　　　　　　　　　　動詞　　補語
① **(The bag under the desk)　is　mine.**

　➡ 机の下のかばんは私の物です。

①の文については、（　）**内全部が文の主語**となっており、（　）の中では、under the desk（机の下の）がthe bag（そのかばん）を説明しています。かばんが、どんなかばんか説明しているのです。

　　　主語　　動詞　　　　　　　　　　目的語
② **He　likes　(the picture on the wall).**

　➡ 彼は壁にかかっている絵が好きです。

②の文については、（　）**内全体が目的語**となっており、on the wall（壁にかかっている）がthe picture（その写真）を説明しています。

　on the wallのonは、「接触」を表し、「壁に接して掛けられている絵」といった意味になります。

182

主語　　動詞　　　　　　　　目的語

③ **We　use　(the balls in the box).**

➡ 私たちは箱に入っているボールを使います。

　③の文については、（　）**内が文全体の目的語**となっており、（　）内ではin the box（箱の中の）がthe balls（そのボール）を説明しています。このほか前置詞句が前の名詞を説明するものには、以下のようなものがあります。

the cafe at the station.
駅の**カフェ**

the post office in front of the city hall.
市役所の前の**郵便局**

the book on the table.
テーブルの上の**本**

the cat by the window.
窓のそばの**ネコ**

不定詞の形容詞的用法

　to不定詞は、名詞の後について、「〜すべき」「〜するための」といった意味となって、前の名詞を説明する役割をします。

① 主語 動詞 目的語
I have (two reports to finish by tomorrow).

⤷ 私は明日までに終わらせるべきレポートを2つ持っています。

　ここでは（　）内全体が文の目的語になっており、（　）の中では、to finish by tomorrow（明日までに終わらせるべき）がtwo reports（2つのレポート）を説明しています。

② 主語 動詞 目的語
He has (a lot of CDs to listen to).

⤷ 彼は聞くべきたくさんのCDを持っています。

　ここでも（　）内全体が文の目的語になっています。（　）の中では、to listen to（聞くべき）がa lot of CDs（たくさんのCD）を説明しています。

分詞

　分詞も名詞の後に置かれ、前の名詞を説明する役割をします。分詞には現在分詞（～ing）と過去分詞（規則動詞はed形）があります。

① 主語 動詞 補語
(The dog running in the park) is mine.

⤷ 公園で走っている犬は私のです。

　ここでは（　）内全体が文の主語となり、（　）の中では、running

in the park（公園で走っている）がthe dog（その犬）を説明していま
す。つまり、「犬」は、どんな犬なのかといえば、「公園を走ってい
る」犬ということになります。

主語　動詞　　　　　　　　　目的語
② I know （the girl playing the piano).

➡ 私はピアノを弾いている女の子を知っています。

②の文では、（　）内が文全体の目的語になっており、（　）内では、
playing the piano（ピアノを弾いている）がthe girl（その女の子）を
説明し、「ピアノを弾いている」女の子という意味を表します。

主語　　　　　　　　　　　　　　　動詞　補語
③ (The woman surrounded by her grandchildren) is Ms.Green.

➡ 孫たちによって囲まれている女性はグリーンさんです。

過去分詞は「〜される」「〜られる」の意味を表します。
　③の文では（　）内が文全体の主語になっており、（　）の中では、
surrounded by her grandchildren（孫たちに囲まれている）がthe
woman（その女性）を説明し、「孫たちに囲まれている」女性、とい
う意味を表しています。

主語　　動詞　　　　　　　目的語
④ I bought （a car made in Japan)

➡ 私は日本でつくられた車を買いました。

④の文は（　）内が文全体の目的語となり、（　）の中では、made in Japan（日本でつくられた）がa car（車）を説明し、「日本でつくられた」車、という意味を表しています。

　ここで問題演習をしておきましょう。
　ひとつひとつ、着実にマスターしていきましょう。

文法ドリル・2

　「前置詞句」の②（P182）、「不定詞の形容詞的用法」の①（P184）、「分詞」の②（P185）をそれぞれ否定文と疑問文にしましょう。
　その際、疑問文にはYesで答えましょう。

［解答］

「前置詞句」の②
He doesn't like the picture on the wall. ／
Does he like the picture on the wall? ／ Yes, he does.
「不定詞の形容詞的用法」の①
I don't have two reports to finish by tomorrow. ／
Do you have two reports to finish by tomorrow? ／ Yes, I do.
「分詞」の②
I don't know the girl playing the piano. ／
Do you know the girl playing the piano? ／ Yes, I do.

括弧の中に1語ずつ入れて以下の日本語を英語に直しましょう。
答え合わせが終わったら、口に出して読んでみましょう。

主語　動詞　　　　　　　　　　目的語
1. I have （　）（　　）（　）（　　）（　）（　　）books.

➡ 私は本を読むためのたくさんの(a lot of)時間を持っています。

　　　　　　　　　主語（　）（　）（　　）（　）（　　）.
2. The bag（　）（　）（　　）（　）（　　）.

➡ ドアのそばの(by the door)かばんは彼女の(hers)です。

主語　　動詞　　　　　　　　　目的語
3. （　　）has a book（　　　）（　）（　　）（　　　）.

➡ トムは易しい日本語で書かれた(written)本を持っています。

主語　　　動詞　　　　　　　補語
4. （　　）（　）the girl（　　　）（　　）（　　）.

➡ エミは、とても速く泳ぐ女の子です。

7日目

修飾部の決め方 つくり方①

187

主格の関係代名詞

who, whom, which, whose, that によってできる関係代名詞節も
また、前の名詞を詳しく説明するためのものです。いくつかある種類
のうち、まずは主格の関係代名詞から、見ていくことにしましょう。

主語   動詞   補語

① **(The person who wrote this novel)** must be a genius.

➡ この小説を書いた人は天才に違いない。

①の文は、（　）内が文全体の主語となり、（　）の中では、who wrote
this novel（この小説を書いた）が前の名詞（先行詞という）の the person
（その人）を説明しています。**先行詞が人の場合の関係代名詞は、who
を使います。**関係代名詞 who の直後に動詞 wrote がきており、こう
した関係代名詞節を**主格の関係代名詞節**といいます。
　なぜ主格と呼ばれるのでしょうか？
　（　）内を２文に分けてみましょう。

The person must be a genius.
The person wrote this novel.

　２文を１文にするとき、関係代名詞節がつくれるのは、the person
という**主語が同じ**だからです。この構造を持つとき主格といいます。

主語　動詞　　　　　　　　　　　　　目的語

② I know (a girl who speaks English very well).

➡ 私は英語をとても上手に話す女の子を知っています。

　②については（　）内が文全体の目的語となっており、（　）の中では、who speaks English very well（英語をとても上手に話す）がa girl（女の子）を説明しており、「**英語をとても上手に話す**」女の子というフレーズをつくります。関係代名詞whoの直後に動詞speaksがきていますので、これも主格の関係代名詞です。

　　　　　　　　　　　　　　主語　　　　　　　　　　動詞　　　　　修飾部

③ (A song which moves many people) was made 50 years ago.

➡ たくさんの人々を感動させる歌は50年前につくられました。

　③の文は（　）内が文全体の主語になっています。（　）の中では、which moves many people（たくさんの人々を感動させる）が、A song（歌）を説明し、「**たくさんの人々を感動させる**」歌、というフレーズをつくっています。

　ここでは、関係代名詞の前の言葉（先行詞）が「物」なので、whoではなく、**whichを使います**。関係代名詞whichの直後に動詞movesがきていますので、これも主格の関係代名詞です。

　　　主語　動詞　　　　　　　　　　補語

④ This is (a picture which was taken in Nagasaki).

➡ これは長崎で撮られた写真です。

④の文は（　）内が**文全体の補語**になっています。（　）の中では、which was taken in Nagasaki（長崎で撮られた）がa picture（写真）を説明して、「長崎で撮られた」写真、というフレーズをつくっています。関係代名詞whichの直後にbe動詞wasがきており、これも主格の関係代名詞です。

目的格の関係代名詞

次は**目的格**の関係代名詞です。

① **(The person whom I respect) is my mother.**

主語　　　　　　　　　　　　　動詞　補語

➡️ 私が尊敬する人は私の母です。

①の文は（　）内が文全体の主語、その中では、whom I respect（私が尊敬する）がthe person（その人）を説明し、「私が尊敬する」人、というフレーズをつくっています。

whomの後には主格のときとは違って主語＋動詞が続いており、こうした関係代名詞節を目的格の関係代名詞節といいます。

ここでは先行詞the personが「人」なのでwhomを用いますが「物」の場合はwhichを使います。また**whomは省略可能**です。

では、なぜこの文は「目的格」と呼ばれるのでしょうか？

主格に続いて、この文を2文に分けてみましょう。

The person is my mother.
I respect the person.

上の文のThe personと下の文のthe personが同じなので、そこをwhomに変えられるわけですが、下の文ではthe personは目的語

になっています。

　目的語だった語句を変えるので、目的格というわけです。

<small>主語　動詞　　　　　　　　　補語</small>

② **He　is　(the boy whom I met last night).**

　→ 彼は私が昨晩会った男の子です。

　②については（　）内は、文全体の補語になっており、（　）の中では、whom I met last night（私が昨晩会った）が the boy（その男の子）を説明する働きをし、「**私が昨晩会った**」男の子という意味を表しています。

<small>主語　　　　　　　　　　動詞　　　　補語</small>

③ **(The book which he wrote) is　very interesting.**

　→ 彼が書いた本はとても面白いです。

　③については、（　）内が文全体の主語、（　）の中では、which he wrote（彼が書いた）が the book（その本）を説明し、「**彼が書いた**」本という意味を表します。先行詞が「物」なので、which を使っています。

　which は主格にも、目的格にもなれるということです。目的格の文は、関係代名詞の後、すぐに「主語＋動詞」（he wrote）がきますので、そこで見分けられます。whom と同じく、which も省略可能です。

<small>主語　動詞　　　　　　　　　補語</small>

④ **This　is　(the movie which I watched yesterday).**

　→ これは私が昨日観た映画です。

④の文は（　）内が文全体の補語になっており、（　）の中では、which I watched yesterday（私が昨日観た）がthe movie（映画）を説明し、「**私が昨日観た**」映画というフレーズをつくっています。目的格なので、whichの後にはすぐに「主語＋動詞」（I watched）という形がつながっています。

所有格の関係代名詞

主語　動詞　　　　　　　　　　　　　　目的語

① **I love (a girl whose mother is a famous singer).**

→ 私はそのお母さんが有名な歌手である女の子を愛しています。

①の文は（　）内は、**文全体の目的語**となっており、（　）の中では whose mother is a famous singer（そのお母さんが有名な歌手である）がthe girl（女の子）を説明しています。

なぜ関係代名詞がwhose（所有格）なのでしょうか？

またこの文を2つに分けてみましょう。

I love a girl.
Her mother is a famous singer.

となります。a girl と her が同じなので、her を whose に変えて、上の文につなげたのが①の文です。

Her という**所有格を関係代名詞にする**ので所有格の関係代名詞 whose になる、と覚えましょう。

② **I live in (a house whose roof is red).**

➡ 私は赤い屋根の家に住んでいます。

②の文は、whose roof is red(その屋根が赤い) が a house(家) を説明しています。これも２文に分けると、

I live in a house.
Its roof is red.

となり、a house と its が同じなので、its を whose に変えて、上の文につなげて②の形になるわけです。所有格の関係代名詞whose は、先行詞が人でも物でも OK です。

関係代名詞 that

ここまでに出てきたwhose を除く who, which, whom は、どれも関係代名詞that で、以下のように書き換えられます。

① **I know a girl that speaks English well.**

➡ 私は英語が上手に話せる女の子を知っています。

② **The book that he wrote was interesting.**

➡ 彼が書いた本は面白いです。

といった具合です。

しかし、逆にthatを使わなければいけないときがあります。
今からそれをひとつずつ見ていきましょう。

主語　動詞　　　　　　　　　　　　補語
① **He　is　the first man to climb the mountain.**
→ 彼はその山に登った最初の男性です。

①の文のように the first, the second などの**序数が先行詞にある**ときは、thatを使わなければなりません。

主語 動詞　　　　　　　　　　　補語
② **This is the best movie that I have ever watched.**
→ これは私が今までに観た最高の映画です。

②の文のように、**先行詞に the best などの最上級が使われているとき**も、thatを使わなければなりません。

主語　　　動詞　　　　　　　　　　補語
③ **This　was　the only book I read this month.**
→ これは私が今月読んだ唯一の本です。

③の文のように、**the only, the same, the very(まさにその)が先行詞についたとき**も、thatを使わなければなりません。

主語 動詞　　　　　　　補語
④ **He wrote about the people and the things that were interesting to him during his trip.**
→ 彼は旅行中、彼にとって興味深かった人々と物事について書きました。

④のように、**先行詞に人と物の両方が入っている場合**も、thatを使

194

わなければならない決まりです。

⑤ **It　cost　all the money that he had.**
　➡ それは彼が持っているお金の全部を使わせました。

　⑤のように、**先行詞にall, every, any, noが入っているときも、**thatを使わなければなりません。

　それでは、今日の学習はこれで終わりです。関係代名詞はややこしい部分も多いので、しっかり復習しておきましょう。

文法ドリル・3

　「主格の関係代名詞」の②、③ (P189)、「目的格の関係代名詞」の② (P191) をそれぞれ否定文と疑問文にしましょう。その際、疑問文には、Yesで答えましょう。

[解答]

「主格の関係代名詞」の②
I don't know a girl who speaks English very well. ／
Do you know a girl who speaks English very well? ／ Yes, I do.

「主格の関係代名詞」の③
A song which moves many people wasn't made 50 years ago. ／
Was a song which moves many people made 50 years ago? ／ Yes, it was.

「目的格の関係代名詞」の②
He isn't the boy whom I met yesterday. ／
Is he the boy whom you met yesterday? ／ Yes, he is.

括弧の中に1語ずつ入れて以下の日本語を英語に直しましょう。
答え合わせが終わったら、口に出して読んでみましょう。

1. The( ) ( ) ( ) ( ) ( ).
主語 動詞 補語
→ 私が買ったTシャツ(T-shirt)は安いです。

2. ( ) ( ) a boy ( ) can ( ) ( ) ( ).
主語 動詞 目的語
→ 私は、3つの言語(languages)を話せる男の子を知っています。

3. ( ) ( ) the ( ) ( ) ( ) ( ) by me.
主語 動詞 補語
→ これは私によって料理された朝食です。

4. ( ) ( ) a ( ) ( ) ( ) ( ) a baseball player.
主語 動詞 目的語
→ 彼はそのお父さんが野球選手の女の子に会いました。

5. The( ) ( ) ( ) ( ) ( ) Ms. Smith.
主語 動詞 補語
→ 私が昨日会った女性はスミスさんです。

6. This is ( ) ( ) ( ) ( ) ( ) me.
主語 動詞 補語
→ これは私を感動させた(moved)唯一の本です。

次の文を読んで、日本語の部分を英語に直し、括弧内に1語ずつ入れましょう。答え合わせが終わったら、全文を何度か声に出して読みましょう。

I went to an Ainu restaurant with my family last night.
First, ① (私たちはアイヌの人によってつくられたアイヌ料理を楽しみました。)
Second, ② (アイヌの衣装を着た [wore] 何人かの人々が私たちにアイヌのダンスを見せてくれました。)
Third, ③ (私たちは、美しい自然を表す [express] アイヌの単語を学びました。)
Ainu culture is really interesting to me.
I really had a good time.

①. 主語 動詞 ( )( ) Ainu dishes 目的語 ( )( )( )by Ainu people.

②. ( )( )( )( )traditional Ainu clothes 主語 ( )( ) 動詞 目的語 Ainu dance. 目的語

③. 主語 動詞 ( )( ) Ainu words 目的語 ( )( )the beauty of nature.

[解答]
①. we enjoyed Ainu dishes which were cooked by Ainu people.
②. some people who wore traditional Ainu clothes showed us Ainu dance.
③. we learned Ainu words which express the beauty of nature.

7日目　修飾部の決め方　つくり方①

次の文を読んで、日本語の部分を英語に直し、括弧内に1語ずつ入れましょう。答え合わせが終わったら、全文を何度か声に出して読みましょう。

Let me introduce my family.
① （これが私の家族の写真です。）
② （正面に座っている女性は私のおばあさんです。）
③ （彼女の後ろに立っている男性は私の父です。）
④ （私の家族の中で一番背が低い女性は私の母です。）
⑤ （青いTシャツを着ている男の子は私の弟です。）
I love my family very much.

　　　主語　動詞　　補語　　　修飾部
①.（　）（　）a（　）of（　）（　）.

　　　　　　主語　　　　　　　動詞　　補語
②.（　）（　）（　）in the front （　）（　）（　）.

　　　　　主語　　　　　　動詞　補語
③.（　）（　）（　）behind her （　）（　）（　）.

　　　　　　　主語　　　　　　　　動詞　補語
④.（　）（　）（　）is（　）（　）in my family is （　）（　）.

　　　　　　主語　　　　　　　動詞　補語
⑤.（　）（　）（　）the（　）（　）（　） my brother.

［解答］
①. This is a picture of my family.
②. The woman sitting in the front is my grandmother.
③. The man standing behind her is my father.
④. The woman who is the shortest in my family is my mother.
⑤. The boy wearing the blue T-shirt is my brother.

1.

私は昨晩家族と一緒にアイヌのレストランへ行きました、

第一に、私たちはアイヌの人によってつくられたアイヌ料理を楽しみました。

第二に、アイヌの衣装を着た何人かの人々が私たちにアイヌのダンスを見せてくれました。

第三に、私たちは美しい自然を表すアイヌの単語を学びました。

アイヌの文化は私にとって本当に興味深かったです。とても楽しい時間を過ごしました。

2.

私の家族を紹介させてください。

これが私の家族の写真です。

正面に座っている女性は私のおばあさんです。

彼女の後ろに立っている男性は私の父です。

私の家族の中で一番背が小さい女性は私の母です。

青いTシャツを着ている男の子は私の弟です。

私は本当に私の家族を愛しています。

8日目

修飾部の決め方 つくり方②

　8日目の今日は、第7日目で学んだ修飾部分の決め方、つくり方の応用篇です。

　だんだん複雑になっていきますが、1ステップずつわかりやすく説明していきますので、頑張ってついてきてくださいね！

今日はこれができるようになる！

- ☑ 関係副詞を用いて適切な修飾部分を導ける。
- ☑ 前置詞と関係代名詞を用いて適切な修飾部分を導ける。
- ☑ 関係詞の非制限用法を用いて適切な修飾部を導ける。

① 場所や理由につく関係副詞

①

関係副詞where

　今日は関係副詞から学びます。耳慣れないかもしれませんが、**名詞・代名詞を修飾する**という意味では関係代名詞と一緒です。

　関係副詞には、**場所を表す語句につくwhere**と、**時を表す語句につくwhen**と、「**理由**」という語の後につく**why**と、「**〜のやり方**」という意味を表す語である**the way, how**があります。

　それではwhereからひとつずつ見ていきましょう。

主語　　　　　　　　　　　　　　　　　　　動詞　　補語

① **(The hotel where I stayed yesterday) was excellent.**

➡ 昨日私が泊まったホテルは素晴らしかったです。

　①の文は、（ ）内が文の主語になっており、その中では、where I stayed yesterday（私が昨日泊まった）がthe hotel（そのホテル）を説明しています。つまり、「ホテル」がどんなホテルかというと「**私が昨日泊まったたホテル**」ということを表します。

　このように関係副詞where は、**先行詞が場所を表す語句のとき**に使われます。しかし、だからといって、場所を表す語句すべてにwhereがつくわけではありません。

　理解しやすくするために、①の文を2つに分けてみましょう。

The hotel was excellent.
I stayed at the hotel yesterday.

　この２文で、上の文の The hotel と下の文の at the hotel（**at を含め**
るところに注意）が同じなので、下の文の at the hotel を where に変
えて上の文の the hotel に続けて、①ができるわけです。

　ただ、この文は「**前置詞＋関係代名詞**」でも言いかえることが可能
です。どういうことか、再び２文に分けて説明しますね。

The hotel was excellent.
I stayed at the hotel.

　この２文で、上の文の The hotel と**下の文の at を含めない the**
hotel は同じなので、下の文の the hotel を which に変えて上の文の
the hotel に続けることができます。すると、①と同じ意味の

The hotel which I stayed at was excellent.

という文ができあがります。
at は which の前に出してもよい決まりで、そうすると、

The hotel at which I stayed yesterday was excellent.

という文にもなります。
つまり、**where は、前置詞＋関係代名詞で言いかえられる**のです。

　もうひとつ例文を見ておきましょう。

② 　　　　主語　　動詞　　　　　　　　　　補語
② 　　This　is　(the library where I study every day).

➡ これは私が毎日勉強している図書館です。

　②の文は（　）内が文全体の補語となり（　）の中では、where I study every day（私が毎日勉強している）がthe library（その図書館）を説明しています。つまり、the library（その図書館）に説明が加わり**「私が毎日勉強している図書館」**ということになります。こちらも2文に分けてみます。

This is the library.
I study at the library every day.

　上の文のthe libraryと、下の文のat the libraryが同じなので、下の文のat the library をwhereに変えて上の文につけて、②となるわけです。

　また、上の文のthe libraryと下の文のatを除いたthe libraryも同じなので、下の文のthe library をwhichに変えて、

This is the library which I study at every day.

　または、

This is the library at which I study every day.

　と言いかえることが可能です。やはりここでも、**where＝前置詞＋関係代名詞**という関係になっていることがわかると思います。

では次に、関係副詞whereを使えない文の例を見ておきましょう。

① **The temple which I visited was old.**
> 主語   動詞   補語

　➡ 私が訪れた寺は古かったです。

　一見、場所の話なのでwhereでも代用できそうですが、2文に分けてみると、

The temple was old.
I visited the temple.

　となり、上の文のthe templeと下の文のthe templeが同じことから、下の文のthe templeをwhichに変えていることがわかります。これまで出てきたatのような前置詞がありませんので、whereでは言いかえられないのです。

2 時間につく 関係副詞

関係副詞 when

次は関係副詞 when についてです。

① <u>(The season when school festivals are held)</u> is autumn.
　　　　　　　主語　　　　　　　　　　　　　　　　　　　動詞　補語

→ 文化祭が行われる季節は秋です。

関係副詞 when は、**時を表す語句の後につき、前の名詞（先行詞）を説明する**働きをします。

①の文は、（　）内が文全体の主語になり、（　）の中では、when school festivals are held（文化祭が行われる）が the season（その季節）を説明して「**文化祭が行われる季節**」を表しています。

では、なぜ、関係代名詞 which ではなく、関係副詞 when なのかを説明しましょう。構造は where のときと同じです。

また文を2つに分けてみます。

The season is autumn.
School festivals are held in the season.

上の文の the season と、下の文の in the season が同じなので、下の文の in the season を when に変えて上の文の The season に

つけると、①になります。前置詞inを含むことに注意が必要です。

　では、関係代名詞whichで書き換えてみましょう。上の文のthe seasonと下の文のthe seasonが同じなので、下の文のthe seasonをwhichに変えて、上の文のThe seasonにつけると、

The season which school festivals are held in is autumn.

となりますね。前置詞inはwhichの前に出してもいいので、

The season in which school festivals are held is autumn.

という形になります。whereと同じく、**when＝前置詞＋関係代名詞**という関係になっていることがわかりますね。
　もうひとつ例文を見ておきましょう。

② 　Monday is (the day when we have a morning meeting).

　　　➡ 月曜日は私たちが朝ミーティングをやる日です。

　②の文は（　）内が文全体の補語になっており、（　）の中では、when we have a morning meeting（朝ミーティングをやる）がthe day（その日）を説明して「朝ミーティングをやる日」を表しています。
　また、2文に分けて構造を確認しておきましょう。

Monday is the day.
We have a morning meeting on the day.

上の文の the day と下の文の on the day が同じなので、on the day を when に変えて、上の文につけたものが②となります。

　関係代名詞で1文にしたいときは、上の文の the day と下の文の the day が同じことを利用し、下の文の the day を which に変えて上の文につけ、前置詞を残します。

Monday is the day which we have a morning meeting on.

　または、前置詞を which の前に置きます。

Monday is the day on which we have a morning meeting.

　ここでもまた、**when＝前置詞＋関係代名詞**の構図があることがわかります。

関係副詞 why, the way, how

　ここからは特殊な状況下で使う関係副詞についてです。

① **(The reason why he didn't come) is unknown.**

主語 ＝ The reason、動詞 ＝ is、補語 ＝ unknown

　➡ なぜ彼が来なかったのか、その理由はわかっていません。

　why は①のように the reason という語句にのみつく関係副詞です。ここでは（　）内が文全体の主語となり、その中では、why he didn't come（彼は来なかった）が the reason（理由）を説明しています。**「彼が来なかった理由」**を表しています。

208

ここでも2文に分けて整理してみます。

The reason is unknown.
He didn't come for the reason.

となります。上の文のThe reasonと下の文のfor the reasonが同じなので、下の文のfor the reasonをwhyに変え、上の文のThe reasonにつけると、①の文ができあがるわけです。

次は「〜のやり方、仕方」という意味を持つthe wayの使い方です。

　　　　主語　　動詞　　　　　　　　　　　補語
② **This　is　(the way you use this coffee maker).**

→ これはこのコーヒーメーカーを使う方法です。

（　）内が文全体の補語で、その中ではyou use this coffee maker（このコーヒーメーカーを使う）がthe way（やり方）を説明しています。**「このコーヒーメーカーを使う方法」**を表しているわけです。

　　　　主語　　動詞　　　　　　　　補語
③ **This　is　how you use this coffee maker.**

→ これはこのコーヒーメーカーを使う方法です。

③の文のように、the wayの代わりになるのがhowです。howは**先行詞を持たない関係副詞**で、「〜のやり方、仕方」の意味になります。

ではここで、これまでのおさらいをしておきましょう。

括弧の中に1語ずつ入れて以下の日本語を英語に直しましょう。
答え合わせが終わったら、口に出して読んでみましょう。

1. 主語 動詞 補語
( )( ) the ( )( )( )( )( )( )before.
→ これは、私が以前(before)働いていた(used to~)オフィス(office)です。

2. 主語 動詞 補語
( )( ) the ( )( )( )( ) tennis.
→ 土曜日は私がテニスを楽しむ日です。

3. 主語 動詞 補語
( )( ) the( )in( )( )( )( )( )before.
→ あれは私が以前住んでいた(used to~)家です。

4. 主語 動詞 補語
( )( ) the ( )in( )( )( )born.
→ 12月は私が生まれた月です。

5. 主語 動詞 補語
( )( ) the ( )( )( )( )( )( )from school.
→ これが私が学校を欠席した(be absent from~)理由です。

6. 主語 動詞 補語
The( )( )( )( )( ) beautiful.
→ 彼女が書道(calligraphy)を書くやり方は美しいです。

---

1. This is the office where I used to work before.

2. Saturday is the day when I enjoy tennis.

[解答]

3. That is the house in which I used to live before.

4. December is the month in which I was born.

5. This is the reason why I was absent from school.

6. The way she writes calligraphy is beautiful.

非制限用法の使い方

関係代名詞非制限用法

　最後に関係代名詞・関係副詞の「非制限用法」と呼ばれる使い方について解説します。

主語　　動詞　　　　　　　　　　　　目的語

① **I　have　two sons who work as teachers.**
➡ 私には教師として働いている息子が2人います。

　まずはこちらの文は、これまで学んできたとおり、私には「教師として働いている」2人の息子がいることを示しています。対して、非制限用法がこちらになります。

主語　　動詞　　　目的語　　　　　　　　　修飾部

② **I　have　two sons,　who work as teachers.**
➡ 私には2人の息子がいます。そして彼らは教師として働いています。

　two sonsの後に,(カンマ)がついています。これが非制限用法で、それまでの部分に補足説明を加える働きをします。
　①の文については、私には「教師として働いている」2人の息子以外にも子供がいる可能性がありましたが、②ではその可能性は排除され、「**私には2人の息子がいます。そして彼らは教師として働いています**」と訳されます。「, who」は「and they」の代わりだと考えればわかりやすいです。

211

制限用法
I have two sons who works as teachers.

非制限用法
I have two sons , who works as teachers.

もうひとつ例を見てみましょう。

　　　　主語　動詞 目的語　　　　　　　　目的語

③ **She gave me a book which was not very interesting.**
　　➡ 彼女は私に大して面白くない本を1冊くれました。

　　　　主語　動詞 目的語 目的語　　　　　　修飾部

④ **She gave me a book, which was not very interesting.**
　　➡ 彼女は私に1冊本を貸してくれました。それはあまり面白くなかったです。

　③の文では彼女が「大して面白くない」本を1冊くれたことがわかりますが、もしかすると、その他にも面白い本をくれたのかもしれません。

　対して④では「彼女は私に1冊本をくれました」と本を限定し、そして「それはあまり面白くなかったです」と結んでいます。

　つまり、彼女はこの1冊以外には、本は貸していないのです。

　ここでも「, which」は、「and it」のように訳すとわかりやすいです。

⑤ 主語　動詞　補語　　修飾部　　　　　　　　　修飾部

He wasn't late for school, which I was surprised at.

➡ 彼は学校に遅れませんでした。そしてそのことに私は驚きました。

　⑤の文のようなwhichは、前の文全体を受けています。このよう
に、whichは、**前の文全体に説明をつけ加える**役割もします。
and itのように訳すとわかりやすいです。

関係副詞非制限用法

関係副詞にも、同じように非制限用法があります。

① 主語　動詞　修飾部　　　　　　　　修飾部

Mary came to Japan, where she studied Japanese.

➡ メアリーは日本に来ました。そしてそこで日本語を学びました。

② 主語　動詞　目的語　修飾部　　　　　　修飾部

I was eating breakfast at 7:00, when the lights went out.

➡ 私は7：00に朝食を食べていました。そしてそのとき明かりが消えました。

　どちらも関係代名詞の非制限用法と同じように、それまでの内容に
補足の説明を加える働きをしていることがわかります。
　①のwhere は、and there（そしてそこで）②のwhen は、and then
（そしてそのとき）と訳すとわかりやすいです。

　本日の学習はこれで終わりです。
　最後の練習問題ですので、もう一息頑張ってください。

8日目

修飾部の決め方 つくり方②

213

括弧の中に１語ずつ入れて以下の日本語を英語に直しましょう。
答え合わせが終わったら、口に出して読んでみましょう。

主語	動詞	目的語		修飾部	

1. (　)(　)(　)(　　　),(　　)(　　) in New York.

→ 私には3人の娘(daughters)がいて、彼女らはニューヨークに住んでいます。

主語	動詞	目的語	目的語	修飾部

2. (　) lent (　)(　　　)(　　),(　　　)(　　)wonderful.

→ 彼は私に3枚のCDを貸してくれました。そしてそれらは素晴らしかったです。

主語	動詞	修飾部	修飾部

3. Kate(　)(　)the sushi shop,(　)(　)(　)raw fish.

→ ケイトは、昨日寿司屋に行きました。そしてそこで生の魚(raw fish)を食べました。

主語	動詞	修飾部	修飾部	修飾部

4. (　)(　)(　)(　) eat 10:00,(　　　)there(　)(　)(　　).

→ 私は10時にベッドに入りました。そしてそのとき地震(earthquake)がありました。

[解答]

1. I have three daughters, who live in New York.

2. He lent me three CDs, which were wonderful.

3. Kate went to the sushi shop, where she ate raw fish.

4. I went to bed at 10:00, when there was an earthquake.

次の文を読んで、日本語の部分を英語に直し、括弧内に1語ずつ入れましょう。答え合わせが終わったら、全文を何度か声に出して読みましょう。

① （私が行きたい国はブラジルです。）
② （私がそこに行きたい理由は3つあります。）
First, I love soccer. I want to play soccer with Brazilians. Second, an exchange student from Brazil was in my class last year.
③ （私は夏に、彼を訪ねたいです、夏はたくさん休みがあるので。）
Third, I know some Japanese went to Brazil to look for a better life many years ago. My grandmother's uncle was one of them.
④ （私は日系ブラジル人と話してみたいです、彼らはブラジルに住んでいます。）

| | 主語 | | | | 動詞 | 補語 |

①. The( )( )( )( )( )go ( ) Brazil.

| 主語 | 動詞 | | 目的語 | |

②. I have the three( )( )( )( )( )( )there.

| 主語 | 動詞 | 目的語 | 修飾部 | 修飾部 |

③. I want to visit him ( )( ),( )( )( )a lot of holidays.

| 主語 | 動詞 | 修飾部 | 修飾部 |

④. I want to talk to Japanese-Brazilians,( )( )( )Brazil.

8
日
目

修
飾
部
の
決
め
方
つ
く
り
方
②

［解答］

①. The country where I want to go is Brazil.

②. I have the three reasons why I want to go there.

③. I want to visit him in summer, when I have a lot of holidays.

④. I want to talk to Japanese-Brazilians, who live in Brazil.

私が行きたい国はブラジルです。

私がそこに行きたい理由は3つあります。

第一に私はサッカーが大好きだからです。ブラジルの人とサッカーをしてみたいです。

第二に、昨年私のクラスにはブラジルからの交換留学生がいました。

私は夏に、彼を訪ねたいです、夏はたくさん休みがあるので。

第三に、私は幾人かの日本人がよりよい暮らしを求めてずっと前にブラジルへ行ったことを知っています。私の祖母のおじさんも彼らのうちのひとりです。

私は日系ブラジル人と話してみたいです、彼らはブラジルに住んでいます。

2大難関を克服！
分詞構文

　いよいよ残すところ2日となりました。9日目の今日は、10日目の仮定法と並んで高校英語の2大難関とされる分詞構文にチャレンジです。

　とはいえ、ていねいに1ステップずつ積み上げていきますので、安心してついてきてくださいね！

今日はこれができるようになる！

- ☑ 分詞構文を用いて、時を表す語句が書ける。
- ☑ 分詞構文を用いて、理由を表す語句が書ける。
- ☑ 分詞構文を用いて、条件を表す語句が書ける。
- ☑ 分詞構文を用いて、付帯状況を表す語句が書ける。
- ☑ 分詞構文と同じ意味のことを、接続詞を用いて書ける。

時、理由、条件を表す分詞構文

時を表す接続詞と分詞構文

　分詞構文とは、接続詞や共通の主語を省略し、**現在分詞・過去分詞を使って副詞節のような働きをする**構文のことです。

　分詞構文の基本の形は、「〜ing, S + V」、「〜ed, S + V」ですので、まずはこの形に慣れていきましょう。

修飾部　　　　　　　　　主語 動詞 目的語　　　補語

① **When I got up this morning, I heard my mother call me.**

副詞節　　　　　　　　　　　　　主節

　➡ 私が今朝起きたとき、母が私の名前を呼んでいるのを聞きました。

　①の文は中学英語でも習った、接続詞 when を使って「〜したとき」を表す文です。この文で「S(I) + V(heard)」を中心としたカタマリを**主節**といい、その主節を修飾（補足説明）している when 以下のカタマリを**副詞節**といいます。

　分詞構文は、when の文と主節は同じですが、when の部分を分詞（〜ing, 〜ed）で表す文だと理解してください。

　それでは接続詞の文から分詞構文への変え方を説明します。

　まずは①の文から接続詞 when を取ります。

*I got up this morning, I heard my mother call me.

次に、whenの中と主節の主語（ここではI）が同じなら、それも取ります。

*got up this morning, I heard my mother call me.

そして、whenの中と、主節の時制が同じならば、最初の動詞を〜ing形にします（ここではgot→getting）。後はそのまま続けます。

            修飾部   主語 動詞   補語

② **Getting up this morning, I heard my mother call me.**
                                      主節
  ➡️ 今朝起きたとき、私は母が私の名前を呼んでいるのを聞きました。

このステップで分詞構文のできあがりです。
もうひとつ、例を見ておきましょう。

             修飾部   主語 動詞   補語

③ **When I was scolded by my teacher, I got upset.**
                    副詞節   主節
  ➡️ 先生に叱られて、私は取り乱しました。

前回と同じく、接続詞を取ります。

*I was scolded by my teacher, I got upset.

whenの中と主節の主語（ここではI）が同じなので、取ります。

*was scolded by my teacher, I got upset.

whenの中と主節の時制が同じなので、最初の動詞が〜ingになります（ここではwas→being）。

Being scolded by my teacher, I got upset.

これでもよいのですが、beingは後ろに過去分詞があるときは省略できます。したがって、

④ **Scolded by my teacher,　I　got　upset.**

修飾部 / 主語 動詞 補語 / 主節

➡ 先生に叱られて、私は取り乱しました。

という文ができあがります。

理由を表す接続詞と分詞構文

次は理由を表す分詞構文です。**表す意味が変わっても、分詞構文の基本の形は変わりません。**逆に言えば、分詞構文の意味を考えるときは、それが時を表しているのか、理由を表しているのか、ほかの意味を表しているのか、見極めなければならないということです。

① **Because I stayed up late, I couldn't get up early this morning.**

修飾部 / 主語 動詞 修飾部 修飾部 / 副詞節 / 主節

➡ 夜遅くまで起きていたので、私は今朝早く起きられませんでした。

こちらは接続詞becauseを使った「〜なので」を表す文です。
先ほどの4ステップを再び適用してみます。

STEP ① 接続詞を取る

STEP ② 副詞節の中と主節の主語が同じなら取る

STEP ③ 副詞節の中と主節の時制が同じなら、
最初の動詞をing形に

STEP ④ 残りを続けて書く

     修飾部   主語   動詞   修飾部   修飾部

② **Staying up late, I couldn't get up early this morning.**
                                     主節

   ➡ 夜遅くまで起きていたので、私は今朝早く起きられませんでした。

となるわけです。もうひとつやってみましょう。

            修飾部   主語   動詞   修飾部

③ **Because I was told to get better grades, I had to study harder.**
                        副詞節   主節

   ➡ もっとよい成績をとるよう言われたので、より一生懸命勉強しなければなりませんでした。

こちらの文に４ステップを適用します。

Being told to get better grades, I had to study harder.

beingは後ろに過去分詞があるときは省略できます。

           修飾部   主語   動詞   修飾部

④ **Told to get better grades, I had to study harder.**
                                 主節

   ➡ もっとよい成績をとるよう言われたので、より一生懸命勉強しなければなりませんでした。

9
日
目

分
詞
構
文

条件を表す接続詞と分詞構文

次は条件を表す分詞構文です。まずは接続詞 if を使った文です。

① **If I am free tomorrow,   I   will go shopping.**

修飾部 副詞節 / 主語 / 動詞 主節

➡️ もし私が明日ひまなら、買い物に行くでしょう。

①の文を分詞構文にするときに引っかかるのがステップ３です。

副詞節の中と主節の時制の一致が必要ですが、そうなっていません。①の文の If の中に、tomorrow とあるので、未来のことですね。

しかしながら未来の文の形は使われておらず、現在形で書かれています。というのも、**条件を表す副詞節の中では、未来のことでも、現在形を使って表す**、という規則があります。

なので、If の中は未来のことですから、主節と同じ時制ということになり、ステップ３もこれまでどおり適用してよいのです。

② **Being free tomorrow,   I   will go shopping.**

修飾部 / 主語 / 動詞 主節

➡️ もし私が明日ひまなら、買い物に行くでしょう。

もうひとつ例を見ておきましょう。

③ **If stars are seen from here,   they   look   beautiful.**

修飾部 副詞節 / 主語 動詞 補語 主節

➡️ 星をここから見ると、それらは美しく見える。

222

これまでと同じく４ステップを適用します。

Being seen from here, stars look beautiful.

こちらでもよいですが、being は後ろに過去分詞があるときは省略するので、

③ <u>修飾部</u>　<u>Seen from here,</u>　<u>主語</u> <u>stars</u>　<u>動詞</u> <u>look</u>　<u>補語</u> <u>beautiful.</u>
主節

➡ 星をここから見ると、　それらは美しく見える。

では逆に、**分詞構文から接続詞のある文へと書き直す**には、どうしたらよいでしょうか？　以下の分詞構文で考えてみましょう。

④ <u>修飾部</u> <u>Studying hard every day,</u> <u>主語</u> <u>I</u> <u>動詞</u> <u>am getting</u> <u>補語</u> <u>better at English.</u>
主節

➡ 毎日勉強しているので、私は英語がますますうまくなっています。

　まず**分詞構文の意味がわからないと、取られた接続詞も導けません**。文が時を表しているなら when, while などを、理由なら because, as などを、条件なら if を一番前に置きます。
　ここでは理由を表しているので、because を置きます。

*Because studying hard every day, I am getting better at English.

　このままでは副詞節に主語がありません。主語がないということは、副詞節と主節で主語が同じだったということです。

ここでは主節の主語、Iを置きます。

Because I studying hard every day, I am getting better at English.

後は動詞の時制を元に戻すだけです。分詞構文をつくるとき、副詞節と主節の時制が同じときに、動詞がing形になるので、副詞節も現在形だったということです。ですので、現在形に戻してあげます。

修飾部　　　　　　　主語　動詞　　　　補語

⑤　**Because I study hard every day,　I　am getting　better at English.**
副詞節　　　　　　　　　　　　　主節

　➡ 毎日勉強しているので、私は英語がますますうまくなっています。

それではここで、おさらいをしておきましょう。

練習問題・1

次の文を分詞構文で書き直しましょう。

（1）Because she was sick, she had to stay in bed all day.
（2）Because he likes watching movies, he knows about many movies.
（3）When I read that story, I felt sad.
（4）If he is free, he will help me.

［解答］
(1) Being sick, she had to stay in bed all day.
(2) Liking watching movies, he knows about many movies.
(3) Reading that story, I felt sad.
(4) Being free, he will help me.

次の文を分詞構文で書き直しましょう。

（1） Writing a report, I found it interesting to learn about something new.

（2） Being late, I ran to school.

（3） Watching TV, I forgot to do my homework.

［解答］

(1) After(When) I wrote a report, I found it interesting to learn about something new.

(2) Because I was late, I ran to school.

(3) Because I watched TV, I forgot to do my homework.

❷ 分詞構文の応用①

時を表す接続詞と分詞構文 応用篇

　前項で分詞構文の基本について学びましたので、ここからは応用篇になっていきます。

修飾部	主語	動詞

① <u>**After I had finished my work,**</u>　<u>**I**</u>　**went out.**
　　　　　副詞節　　　　　　　　　　　　　主節

　➡ 私は仕事を終えてから、外へ出ていきました。

時を表す接続詞after〜の文を分詞構文にしていきます。
まずはこれまでどおり、接続詞を取ります。

*I had finished my work, I went out.

after〜の中の主語と主節の主語 (I) が同じなので、Iを取ります。

*Had finished my work, I went out.

　ここからが、これまでと少し違います。①の文では、時制が主節の時制（ここでは過去形）よりひとつ古く（ここでは過去完了）なっています。こうしたときは、〜ing形ではなく、**having + 過去分詞で、時制がひとつ古いことを表現する**のが決まりです。
　後はそのまま続けて書くだけです。

226

修飾部　主語　動詞

② **Having finished my work, I went out.**

主節

→ 私は仕事を終えてから、外へ出ていきました。

これで完成です。

理由を表す接続詞と分詞構文 応用篇

修飾部　主語　動詞

① **Because I didn't have any money, I refused to go out.**

副詞節　主節

→ お金を持っていなかったので、私は出かけるのを断りました。

今度は分詞構文が否定の形になるときのことを学びます。

ステップ自体はこれまでと同じです。まず接続詞を取ります。

***I didn't have any money, I refused to go out.**

because～の中と主節の主語が同じなので、Iを取ります。

***didn't have any money, refused to go out.**

because～の中の時制と主節の時制とが同じなので、最初の動詞を～ing形にするわけですが、**文の中にnotが入っているときは、notを一番前に出す決まり**です。

後はそのまま書くだけです。

②

修飾部　　　　　　　　主語　　　　動詞

Not having any money,　I　refused to go out.

　　　　　　　　　　　　　　　　　　　　　　主節

　➡ お金を持っていなかったので、私は出かけるのを断りました。

次は理由を表す接続詞を使う文で、先ほどのように時制がずれているケースを例にとります。

③

修飾部　　　　　　　　　　　　主語　　動詞　　　　　目的語

Because he was a soccer player,　he　watches　only soccer games.

副詞節　　　　　　　　　　　　　　　　　主節

　➡ 彼はサッカーの選手だったので、サッカーの試合だけ観ます。

ここでも問題はステップ３です。

because〜の中の時制は過去形、主節の時制は現在形でひとつ古いので、最初の動詞was を having + 過去分詞に変えます。後は残りをそのまま続けて書くだけです。

④

修飾部　　　　　　　　　　　主語　　動詞　　　　　目的語

Having been a soccer player,　he　watches　only soccer games.

　　　　　　　　　　　　　　　　　　主節

　➡ 彼はサッカーの選手だったので、サッカーの試合だけ観ます。

条件を表す接続詞と分詞構文 応用篇

　次は、条件を表す接続詞を使った文を分詞構文にするステップの応用篇です。しつこいようですが、先ほど学習した分詞構文への変え方を確認しながら進みましょう。

228

① **If it is sunny,**   **my family**   **will go on a picnic.**

<small>修飾部</small>   <small>主語</small>   <small>動詞</small>

<small>副詞節</small>   <small>主節</small>

➡ もし晴れたら、私の家族はピクニックに行くでしょう。

まずはこれまでどおり、接続詞（if）を取ります。次ですが、副詞節の中と主節の主語（it, my family）が一致しませんね。こうしたときは**副詞節の主語（it）をそのまま残してあげます。**

動詞の時制は一致しているので、〜ing形とします。

② **It being sunny,**   **my family**   **will go on a picnic.**

<small>修飾部</small>   <small>主語</small>   <small>動詞</small>

<small>主節</small>

➡ もし晴れたら、私の家族はピクニックに行くでしょう。

では、応用篇の内容を踏まえて、複雑な分詞構文を接続詞の文に戻すときのやり方を説明しましょう。基本は前項と同じです。

③ **Not having eaten my breakfast,**   **I**   **am**   **hungry now.**

<small>修飾部</small>   <small>主語 動詞</small>   <small>修飾部</small>

<small>主節</small>

➡ 朝食を食べなかったので、私は今お腹がすいています。

まずは意味を考えて、接続詞を選びます。この文では理由を表していますからbecauseがよいでしょう。

*Because not having eaten my breakfast, I am hungry now.

分詞構文に主語がないため、主語は主節と同じだとわかります。

*Because I not having eaten my breakfast, I am hungry now.

having＋過去分詞となっているということは、主節よりも時制が
ひとつ古いということです。つまり副詞節は過去形だとわかります。

*Because I not ate my breakfast, I am hungry now.

上の文にはnotがあるので、否定文に直します。

	修飾部	主語 動詞	修飾部

④ **Because I didn't eat my breakfast, I am hungry now.**
　　　　　　　副詞節　　　　　　　　　　　　　主節

　➡ 朝食を食べなかったので、私は今お腹がすいています。

これでできあがりです。
では、おさらいをしておきましょう。

次の文を分詞構文で書き直しましょう。

（1）As I don't know her very well, I'm not sure she said such a thing.

（2）Because it was cold, I was wearing a coat.

（3）If Bill runs fast, everyone will elect him captain.

（4）Because Tom said nothing, they thought he disagreed with the plan.

（5）If my bike is broken, my uncle will kindly repair it.

［解答］

(1) Not knowing her very well, I'm not sure she said such a thing.

(2) It being cold, I was wearing a coat.

(3) Bill running fast, everyone will elect him captain.

(4) Tom saying nothing, they thought he disagreed with the plan.

(5) My bike being broken, my uncle will kindly repair it.

次の分詞構文の文を接続詞のある文に書き直しましょう。

（1）Having done his homework, my brother went shopping with me.

（2）Weather permitting, we will go fishing.

（3）It being warm, we hope that spring will come soon.

（4）Written in easy English, the book was easy for me to read.

（5）Not having time, I said "good-bye" suddenly.

［解答］

(1) After (When) my brother had done his homework, he went shopping with me.

(2) If weather permits, we will go fishing.

(3) Because it is warm, we hope that spring will come soon.

(4) Because the book was written in easy English, it was easy for me to read.

(5) Because I didn't have time, I said "good-bye" suddenly.

9日目

分詞構文

③ 分詞構文の応用②

同時に起こっていることを表す分詞構文

ここからは、分詞構文の細かいバリエーションを紹介します。

① **She** **entered** **the room,** **singing a song.**
主語　　　動詞　　　目的語　　　　　修飾部
　　　　　主節

➡ 彼女は歌を歌いながらその部屋へ入りました。

② **The girls are cycling,** **talking to each other.**
　　主語　　　　動詞　　　　　　　修飾部
　　　　　主節

➡ その女の子たちは話しながらサイクリングをしています。

　ここまでは〜ing形が主節の前に来ていましたが、「〜しながら」と訳される分詞構文は、主節の後ろに置かれることが多いです。

動作の連続を表す分詞構文

① **Taking 500 yen from his pockets,** **he** **paid** **for the bread.**
　　　　　　修飾部　　　　　　　　主語　動詞　　　修飾部
　　　　　　　　　　　　　　　　　　　主節

➡ ポケットから500円を取り出して、彼はそのパン代を払いました。

動作が連続して起きていることを表しており、「〜して」と訳される分詞構文です。あえて接続詞を使って書き換えるなら、and を使って、以下のようにします。

He took out 500 yen from his pockets and paid for the bread.

付帯状況のwithを伴う分詞構文

①
| 主語 | 動詞 | 修飾部 | 修飾部 |

She sat on the chair with her legs crossed.

主節

➡️ 彼女は脚を組んだ状態でその椅子に座っていました。

②
| 主語 | 動詞 | 修飾部 | 修飾部 |

He got out of the car, with the engine still running.

主節

➡️ 彼はエンジンがまだかかったままの状態で車の外へ出ました。

「with ＋名詞（代名詞）＋分詞」で、**「with 以下している状態で」**という意味をつけ加えます。

最後の分詞を現在分詞にするか、過去分詞にするかは、with の後の名詞（代名詞）と最後の動詞の関係によります。

①の例では、脚は「組まれて」座っていたので**受け身の関係**にあります。したがって、過去分詞 crossed となります。

②の例ではエンジンは「かかっている」状態で車の外へ出たので、現在分詞 running となります。

では、本日最後のおさらいをしましょう。

9日目

分詞構文

括弧の中に1語ずつ入れて以下の日本語を英語に直しましょう。
答え合わせが終わったら、口に出して読んでみましょう。

主語　　　　　動詞　　　目的語　　　　修飾部
1. My (　　　　) (　　　　) his (　　　) (　　　　) (　　) (　　　　).
→ 私の弟は音楽を聴きながら(listen to)，部屋を掃除していました。

主語　　　動詞　　　　目的語　　　　　　修飾部
2. Kate (　　) (　　　　) (　　) (　　　　) (　　　),(　　) her eyes (　　　　).
→ ケイトは目を輝かせながら、次に何が起きるか見ていました。

修飾部　　　　　　　　　　主語 修飾部 動詞　　　修飾部
3. (　　　　) (　　) (　　　　)from her mother, she soon (　　　) (　　) home.
→ 彼女のお母さんからのEメール(email)を読んで、彼女はすぐに家に向かいました。

[解答]

1. My brother cleaned his room listening to music.

2. Kate was watching what happened next with her eyes shining.

3. Reading the email from her mother, she soon left for home.

次の文を読んで、日本語の部分を英語に直し、括弧内に1語ずつ入れましょう。答え合わせが終わったら、全文を何度か声に出して読みましょう。

① （私たちは日常生活をしながら、たくさんのエネルギーを使っています。）
For example, we produce a lot of CO_2, a greenhouse gas, by driving.

② （温室ガスが増えている［increase］ので、地球の気温は上昇しています。）

③ （南極や北極の氷が溶けて［melt］、海面は上昇しています。）
It is said that some islands will be under the sea during the next few decades.

④ （これらのことを考え［consider］、私たちは何らかの行動を起こさねばなりません。）

日常生活をする：live one's daily life

①. **We use a lot of energy** ( )( )( )( ).
主語 動詞　目的語　　　　修飾部

②. ( )**greenhouse gases** ( )( )**, the earth's temperature is rising.**
修飾部　　　　　　　　　　　主語　　　　動詞

③. ( ) **ice on the South and North Poles** ( )( )**, the sea level has been rising.**
修飾部　　　　　　　　　　　　主語　　　動詞

④. ( )( )**things, we will have to take action.**
修飾部　　主語　　動詞

［解答］

①. We use a lot of energy living our daily life.

②. Because greenhouse gases are increasing , the earth's temperature is rising.

③. Because ice on the South and North Poles are melting, the sea level has been rising.

④. Considering these things, we will have to take action.

9
日
目

分
詞
構
文

私たちは日常生活をしながら、たくさんのエネルギーを使っています。

例えば私たちは、車を運転することで、たくさんの二酸化炭素——温室効果ガスのひとつですが——を排出しています。

温室ガスが増えているので、地球の気温は上昇しています。

南極や北極の氷が溶けて、海面は上昇しています。

いくつかの国は次の数10年間の間に海に沈むと言われています。

これらのことを考え、私たちは何らかの行動を起こさねばなりません。

2大難関を克服！仮定法

長かった高校英語の学び直しも今日で最終日です。
分詞構文と並ぶ高校英語の2大難関とされる仮定法で締めくくりましょう。仮定法は日本語にはない英語独特の部分なので苦戦する人が多いです。つまずくことのないよう、ひとつひとつ、ていねいに学習していきましょう！

今日はこれができるようになる！

- ☑ 仮定法過去の基本文が書ける。
- ☑ 仮定法過去完了の基本文が書ける。
- ☑ ifを使わない仮定法過去の文が書ける。
- ☑ ifを使わない仮定法過去完了の文が書ける。

仮定法過去と仮定法過去完了

仮定法過去の文

　仮定法過去の文は、**現在の事実と反対のことを「もし〜ならば」と**仮定し、その結果を述べる文です。

　「現在の事実と反対のこと」を仮定するので、**現在起こりうることを仮定する場合とは異なります。**ここは厳密に理解しておく必要がありますので、試しに以下の文を仮定法過去で表す文と、そうでないものに分けてみてください。

a）もし明日雨なら、私は家にいるでしょう。
b）もし私があなたなら、そんなことはしないでしょう。
c）もし明日彼が欠席ならば、私は彼に電話してみます。
d）もし私が10億円持っていれば、私は仕事を辞めるだろうに。
e）もし彼が宇宙旅行をすれば彼は地球に戻ってこないだろうに。

　仮定法過去で表すべきでないのはどれか、わかりましたか？

　それはa）, c）です。a）の「明日雨であること」は**現実にあり得ること**ですし、c）の「明日彼が欠席すること」も可能性として考えられます。

　一方、b）のように、「私があなたになる」ことは**絶対に起こり得ませんし、**d）, e）は、万が一にはあり得るかもしれませんが、通常は現在の事実と反対のことを述べる仮定です。

　よって仮定法過去で書くべきなのはb）, d）, e）となるわけです。

それでは、実際に仮定法過去の文を見ていくことにしましょう。

①

修飾部　　　　　　主語　　動詞　　　　修飾部

If I had ten million yen,　I would travel　all over the world.

If 節　　　　　　　　　　　　主節

➡ もし私が1000万円持っているとしたら、私は世界中を旅行するでしょう。

仮定法過去の文の基本を以下にまとめました。

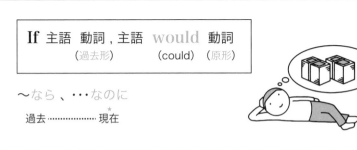

If 主語 動詞 , 主語 would 動詞
　　　（過去形）　　　（could）（原形）

〜なら 、・・・なのに

過去 ・・・・・・・・・・・・・・ 現在

①では、「（今、私は1000万円持っていないけれども）もし、私が1000万円持っているとしたら、世界中を旅行するでしょう」という仮定を表し、**If節の中の動詞は過去形、主節は、would＋動詞の原形**を使っているところがポイントです。

②

修飾部　　　　　主語　　　動詞　　　　　目的語

If I were you,　I　wouldn't do　such a thing.

If 節　　　　　　　　　　主節

➡ もし私があなたなら、そのようなことはしないでしょう。

②は、「（私はあなたではないけれども）もし私があなたならそんなことはしないでしょう。」という仮定です。**If節の中のbe動詞の過去形はwereを使います。** 主節は、would＋動詞の原形の否定文となりwouldn't＋動詞の原形がきています。

	修飾部	主語	動詞	目的語	修飾部

③ **If I were taller, I could play basketball better.**
　　　　　　If 節　　　　　　　　　　　　主節

➡ もし私がもっと背が高ければ、もっと上手にバスケットボールができるのに。

　③の文は、主節にwouldの代わりにcouldを用いています。「バスケットボールができるのに」のように「**できる**」の**意味を入れたいとき**はcouldも使うことができます。

仮定法過去完了の文

　仮定法過去完了の文は、「**過去の事実と反対のこと、現実にあり得ないことを仮定し、その結果を述べるもの**」です。では、さっそく例文を見ていきましょう。

	修飾部	主語	動詞	目的語	修飾部

① **If I had known her address, I would have written a letter to her.**
　　　　　　　If 節　　　　　　　　　　　　　　　主節

➡ もし私が彼女の住所を知っていたら、手紙を書いたのになあ。

仮定法過去完了の文の基本を以下にまとめました。

If 主語 **had** 動詞 , 主語 **would have** 動詞
　　　　　　　（過去分詞）　　　　　　　　　（過去分詞）

〜だったら 、 ・・・だろうに
　　＊
過去 ‥‥‥‥‥‥‥‥‥‥‥‥ 現在

---

①は、「もし私が彼女の住所を知っていたら」の「いたら」の部分

が過去完了、すなわち、**had＋過去分詞**の形になるため、had known になっています。

　また、「（手紙を）書いたのになあ（実際は書かなかった）」の部分は**would have＋過去分詞**の形になるので、would have writtenとなります。

	修飾部	主語	動詞	修飾部

② **If I had been healthy, I would have gone jogging in the park.**

　　　If節　　　　　　　　　主節

　→ もし、私が元気だったら、公園にジョギングをしに行っただろうに。

　②は、be動詞を含む「もし私が元気だったら（本当は元気ではなかった）」のところがhad been healthyという過去完了の形になっています。「ジョギングをしに行っただろうに」のところがwould have＋過去分詞にあたるので、would have gone joggingという形になります。

	修飾部	主語	動詞	目的語

③ **If I had gotten up earlier, I could have caught the train.**

　　　If節　　　　　　　　　主節

　→ もし私が早く起きていれば、その電車に乗ることができたのに。

　③は、would have＋過去分詞ではなく**could have＋過去分詞**が使われています。

「〜できたのになあ」というふうに、「できた」というニュアンスにしたいときには、could have＋過去分詞を用います。

　今日はこまめにおさらいをしたいと思います。

　まずは、次のページで2つの基本文について、問題を解いてみてください。

括弧の中に1語ずつ入れて以下の日本語を英語に直しましょう。
答え合わせが終わったら、口に出して読んでみましょう。

1. ( ) it ( ) sunny, ( )( )( )( ).
修飾部　　　　主語　　　動詞
→もし晴れていれば（実際は雨）私たちは出かける(go out)のに。

2. ( )( )( ) a lof of money, ( )( )( ) around the world.
修飾部　　　　　　主語　　動詞　　　　修飾部
→もし私がたくさんのお金を持っていれば、私は世界中を旅するだろうに。

3. ( )I( )( ) that book, I( )( )( ) his question.
修飾部　　　　　主語　　動詞　　　　目的語
→もし私がその本を読んでいたら、彼の質問に答えられただろうに。

4. ( )I( )( )( ) then, we ( )( )( ) each other.
修飾部　　　　主語　　動詞　　　　目的語
→もし私がそのときあなたに会っていなかったら、愛し合うこともなかっただろうに。

解答

1. If it were sunny, we would go out.

2. If I had a lot of money, I would travel around the world.

3. If I had read that book, I could have answered his question.

4. If I hadn't met you then, we wouldn't have loved each other.

仮定法の応用表現①

If 節の中と主節の時制が違う仮定法

　次の2つの文は、**If 節の中が仮定法過去完了（つまり過去の事実に反する仮定）で、主節が仮定法過去（現在の事実と反対の願望を述べる）**です。

　　　　　　　　修飾部　　　　　　　　　　主語　動詞　　　　　補語　　　　修飾部
① <u>If I had practiced soccer harder,</u> | <u>I would be a starting member now.</u>
　　　　　　　If 節　　　　　　　　　　　　　　　　　主節

➡ もし私がもっと一生懸命サッカーを練習していたら、今ごろはレギュラーだろうに。

　　　　　　　　修飾部　　　　　　　　　　主語　　動詞　　　　修飾部
② <u>If I had gotten up earlier,</u> | <u>I would be there now.</u>
　　　　　　　If 節　　　　　　　　　　　　　　　　主節

➡ もし私がもっと早く起きていれば、今ごろはそこにいるのになあ。

　If 節の中は「（過去において）〜していたら」、主節は「今は〜だろうに」という願望を述べます。would, could の使い分けは「〜できるのに」と、「できる」を強調したいときにcouldを使います。

仮定法における If の省略

これまで見てきた If は省略することができます。

　　　　　修飾部　　　　主語　　　　動詞　　　　　　　　目的語
① **Were I you,** | **I wouldn't do   such a thing.**
　　　　　　　　　　　　　　　　　主節

➡ もし私があなたならそんなことはしないだろうに。

If が省略されると、If I were you, は、そのまま I were you ではなく、疑問文の形になります。つまり、**be動詞が前に出て、Were I you, の形になる**のです。

②
| 修飾部 | 主語 | 動詞 | 目的語 | 修飾部 |

Had I known her address, I would have written a letter to her.

　　　　　　　　　　　　　　　　　主節

➡ もし私が彼女の住所を知っていたら、私は手紙を書いただろうに。

仮定法過去完了でも同じことで、If I had known her address の if が省略されたら、I had known her address ではなく、疑問文の形、Had I known her address, となります。

should と were to

①
| 修飾部 | 動詞 | 目的語 | 補語 | 修飾部 |

If you should be unable to come, let me know as soon as possible.

　　　　If節　　　　　　　　　　　　　　　　主節

➡ もし万が一あなたが来られないようなことがあれば、できるだけ早く私に知らせてください。

①の文は「**万が一 should**」と呼ばれ、「もし万が一あなたが来られないようなことがあれば」という仮定を表します。If + 主語 + should ～の文に限り、主節は普通文を用いてもよいことになっています。

②
| 修飾部 | 主語 | 動詞 | 目的語 |

If I were to win a hundred million yen, I would quit my job.

　　　　If節　　　　　　　　　　　　　　　主節

➡ もし仮に私が1億円当たるようなことがあれば、私は仕事を辞めるでしょう。

②は、「were to」で、「**もし仮に～のようなことがあれば**」という

実現性の低い仮定を表します。未来のことを仮定する形です。

では、ここで、またおさらいをしておきましょう。

練習問題・2

括弧の中に1語ずつ入れて以下の日本語を英語に直しましょう。
答え合わせが終わったら、口に出して読んでみましょう。

　　　　　　　修飾部　　　　　　　　　　　　　　　　　主語　動詞　　目的語
1. (　)(　)(　)(　) more about Japanese culture, (　)(　)(　)these questions.
➡ 私がもっと日本文化について学んでいたら、これらの質問に答えられるのになあ。

　　　　修飾部　　　　　主語　　　　動詞　　　　　　　目的語　　　修飾部
2. (　)(　)(　), (　)(　　　)(　　　) English　harder.
➡ 私があなたなら私は英語をもっと一生懸命勉強するだろうに。

　　　　　修飾部　　　　　　　　主語　　　　　動詞　　　　　補語
3. (　)(　　)(　)(　　　), my family (　　　)(　　)(　　) on a picnic.
➡ もし晴れていたら、私の家族はピクニックに行ったのになあ。

　　　　　修飾部　　　　　　　　主語　動詞　　　　補語
4. (　)(　　)(　　)(　)(　　) her, (　)(　　　　)(　) very happy.
➡ もしトムが彼女に会うようなことがあれば、彼は幸せだろうに。

　　　　　修飾語　　　　　　　　　　　主語　動詞　　修飾部
5. (　)(　)(　　) pass the audition, (　)(　)(　) to Tokyo.
➡ もし万が一私がそのオーディションに合格するようなことがあれば、私は東京に行くでしょう。

[解答]
1. If I had learned more about Japanese culture, I could answer these questions.
2. Were I you, I would study English harder.
3. Had it been sunny, my family would have gone on a picnic.
4. If Tom were to meet her, he would be very happy.
5. If I should pass the audition, I will go to Tokyo.

仮定法

245

③ 仮定法の 応用表現②

I wish I were〜の文

次は応用篇として、「**〜ならよいのになぁ**」という文を学びます。

I + wish +（that）主語 + 動詞の過去形という形をとります。

　　　　主語　　動詞　　　　目的語（that節）
① **I　wish　I were rich.**
　　➡ お金持ちならよいのになあ。

　　　　主語　　動詞　　　　　目的語（that節）
② **I　wish　I could fly in the sky.**
　　➡ 空を飛ぶことができるといいのになあ。

wish（望む）の後は that 節が続くのですが、これは省略され、実際に that と書くことはありません。

①は、「（実際お金持ちではないけれど）お金持ちならいいなあ」、②は「（空は飛べないけれど）飛ぶことができるといいなあ」と、いずれも**実現不可能な願望を表すときに使います**。「できる」の意味を明確にしたいときは、②のように、could を使います。

I wish I had〜の文

先ほどの I wish I were〜の文が「〜ならよいのになあ」という現実とかけ離れた願望を表すのに対し、次は「〜だったらよかったなあ」という**過去の事実と反対の願望**を述べる文を学びます。

I + wish + (that) 主語 + had +過去分詞という形をとります。

主語　動詞　　　　　目的語（that節）
① **I wish I had eaten breakfast.**
　　➡ 朝食を食べていたらよかったなあ。

主語　動詞　　　　　目的語（that節）
② **I wish I had won the game.**
　　➡ その試合に勝っていたらなあ。

こちらも wish（望む）のあとは that 節が続くのですが、これは省略され、実際に that と書くことはありません。

①は「（朝食を食べていなかったけれど）朝食を食べていたらよかったなあ」、②は「（その試合に負けたけれども）勝っていたらよかったなあ」と、いずれも**過去の事実とは反対の願望**を述べていることがわかると思います。

10
日
目

仮
定
法

as if〜の文

続いて「**まるで〜であるかのように**」を表す as if〜の文です。

　　　　主語　　動詞　　　　　　　　　　　修飾部
① **He　talks　as if he knew everything about it.**
　　➡ 彼はそれについてまるですべてを知っているかのように話します。

　①のように、as if〜の中を過去形にすると、**現在の事実とは違う例えをすることができます。**

　例えば①は、「**（彼はすべてのことは知らないけれども）まるで知っているかのように話します**」という意味になります。

　　　　主語　　　動詞　　　　　　　　　　修飾部
② **She　looked　as if she had seen a ghost.**
　　➡ 彼女はまるで幽霊でも見たかのようでした。

　as if〜の中を過去完了にすると**過去の事実とは違う例え**をすることができます。例えば②は、「**（彼女は幽霊は実際見ていなかったけれども）まるで幽霊でも見たかのようでした**」という意味を表します。

　ここで、3回目のおさらいをしておきましょう。
　しつこいようですが、実際に問題を解いて、自分の理解度、表現力を確認しましょう。

練習問題・3

括弧の中に1語ずつ入れて以下の日本語を英語に直しましょう。
答え合わせが終わったら、口に出して読んでみましょう。

主語　動詞　　　　　目的語

1. (　)(　　)(　)(　　)(　　　　).

→ 私がもっと頭がよければ(smarter)なあ。

主語　動詞　　　　　修飾部

2. I feel (　)(　)(　)(　　) flying in the sky.

→ 空でも飛んでいるかのように感じます。

主語　動詞　　　　　目的語

3. (　)(　　)(　)(　　)(　) my best.

→ ベストを尽くしていたらよいのになあ。

主語　　　動詞　　　　　　　　修飾部

4. (　)(　　　)(　　)(　)(　)(　)(　　)(　) a doll.

→ 私はまるで人形であったかのように動けませんでした。

［解答］

1. I wish I were smarter.

2. I feel as if I were flying in the sky.

3. I wish I had done my best.

4. I couldn't move as if I had been a doll.

10日目

仮定法

249

④ 仮定法の 応用表現③

to不定詞が仮定を表す文

続いて仮定法の応用表現を見ていきましょう。

修飾部　　　主語　　動詞　　　　　　　　　　　目的語
To hear her talk, you would think that she were a native speaker of English.
主節

➡ 彼女が話すのを聞くと、あなたは彼女が英語母語話者であるかのように思うでしょう。

このように、これまで見てきた仮定法のIf〜の部分を、不定詞でも書き換えることができます。To hear her talk は一般的な文に戻すと、If you heard her talk となります。

if it were not for〜の文

ここでは仮定法で「**もし〜がなければ**」という表現を学びます。

修飾部　　　　　　　　　　主語　　　　　動詞
① **If it were not for water, we couldn't live there.**
If節　　　　　　　　　　　　　主節

➡ 水なしでは、私たちはそこでは生きられないだろうに。

①は仮定法過去で「もし〜がなければ」という仮定を表します。if it were not for〜は熟語で、but for〜, without〜でも同じ意味です。

② **If it had not been for your help, we couldn't have finished the job.**

    → あなたの助けなしでは、私たちはその仕事を終えられなかったでしょう。

    ②は if it were not for の文を仮定法過去完了にしたもので、if it had not been for で、「**もし～がなかったら**」の意味を表します。

    but for と without~ は仮定法過去完了でもそのまま使うことができ、**If it had not been for と同じ意味**になります。

it's time ～の文

次は「**～の時間ですよ**」という表現です。

主語　動詞　　補語　　　　　　　真主語

① **It is time you went to bed.**

    → あなたは寝る時間ですよ。

    ①の文は、「it is time ＋ S ＋ V（過去形）.」という形で、「**S は V する時間ですよ**」という意味になります。

    さて、本書最後のおさらいです。

ぜひ全問正解で締めてください！

括弧の中に1語ずつ入れて以下の日本語を英語に直しましょう。
答え合わせが終わったら、口に出して読んでみましょう。

1.
修飾部 主語 動詞 目的語
(　)(　)(　)(　)‚ you (　　)(　　) that he was injured.
→ 彼が走っているのを見ると、彼がけがをしているとは思わないでしょうに。

2.
修飾部 主語 動詞 修飾部
(　)(　)(　)(　)(　) air‚ we (　　)(　) on the earth.
→ もし空気がなければ、私たちは地球に住めないでしょうに。

3.
主語 動詞 補語 真主語
(　)(　)(　) you (　　　) working.
→ あなたたちは働き始める時間ですよ。

4.
修飾部 主語 動詞
(　　)(　　) your advice, we(　　)(　　)(　　　).
→ あなたのアドバイスがなかったら、私たちは成功していなかったでしょうに。

---

1. To see him run, you wouldn't think that he was injured.

2. If it were not for air, we couldn't live on the earth.

3. It is time you started working.

4. But for your advice, we wouldn't have succeeded.

次の文を読んで、日本語の部分を英語に直し、括弧内に1語ずつ入れましょう。答え合わせが終わったら、全文を何度か声に出して読みましょう。

It is said that there are about 6,000 languages in the world.
① (もし私が学ぶ言語をひとつ選ばなければいけないとしたら、私はハングルを選びます。)
I have a friend in Korea, and she speaks Japanese very well.
② (彼女はまるで日本語母語話者であるかのように話します。)
I can't speak Korean.
③ (私はハングルが話せたらいいなあと思います。)
④ (学校でハングルを学ぶことができたらよかったのになあ。)
From now on, I learn Korean from my friend.

①. 〔修飾部〕 ( )( )( )to choose one language to learn, 〔主語〕( ) 〔動詞〕( ) 〔目的語〕( ) Korean.

②. 〔主語〕She 〔動詞〕talks ( )( )( )( )a native speaker of Japanese.

③. 〔主語〕( ) 〔動詞〕( )( ) 〔目的語〕( )( )Korean.

④. 〔主語〕( ) 〔動詞〕( )( ) 〔目的語〕( )( ) 〔修飾部〕( ) Korean at school.

[解答]

①. If I had to choose one language to learn, I would choose Korean.

②. She talks as if she were a native speaker of Japanese.

③. I wish I could speak Korean.

④. I wish I could have learned Korean at school.

世界には約6000の言語があると言われています。

もし私が学ぶ言語をひとつ選ばなければいけないとしたら、私はハングルを選びます。

私は韓国に友達がいて、彼女は日本語を上手に話します。

彼女はまるで日本語母語話者であるかのように話します。

私はハングルが話せたらいいなあと思います。

学校でハングルを学ぶことができたらよかったのになあ。

これからは私は友達からハングルを学びます。

　10日目の仮定法を書き終えて、私は、仮定法を初めて学んだときのこと、また、仮定法過去を実際の文書で初めて使ったときのことを思い出しました。

　仮定法は、高校1年生のときに文法参考書で知り「こんなルールもあるのか！」という、一種のカルチャーショックを覚えました。

　実際に使ったのは、高校教員4年目の夏に、コロンビア大学のティーチャーズカレッジを受験する決意をし、そのための資料を取り寄せるための手紙の、最後の部分でした。

"I would be happy if you could send me an application form as soon as possible."

　私たちは学校の教科書、文法の参考書、拙著のような「学び直し」の本を通じて、たくさんの日本語にはない外国語の文法ルールを学びます。そのひとつひとつのルールとの出会いが、外国語を学ぶ面白さであり、私たちの言語生活を豊かにしてくれるものです。

　そして、それを実際のコミュニケーションの場で使うことにより、私たちは文法ルールをより一層生き生きとしたものとして体得します。

　私はその後、英語文献との格闘の中で、高校英語で習う分詞構文もまた、実際のコミュニケーションの中でよく使われる文法なのだと気づかされました。

　こうした経験もあって、私は高校英語は、もっと多くの人に「発信する言語」として学ばれるべきだと考えるようになりました。まずは拙著で、日本語とは違う文法ルールとたくさん出会っていただきたい。そして、できれば実際に使ってみる、という経験により言語生活を豊かにしてほしいと願っています。

〈著者略歴〉

岡田 順子 （おかだ・じゅんこ）

◎——早稲田大学卒業。コロンビア大学ティーチャーズカレッジ修士課程卒業。
テンプル大学ジャパン博士課程修了。

◎——埼玉県立高校での 20 年の教員生活を経て現在はフリーの英語講師として中学生
から大人までを指導。

◎——文科省検定済教科書『EXCEED』（三省堂）シリーズ初版著者。

◎——英語教育に関する研究・実践を行う研究団体である ELEC 同友会英語教育学会で
語彙指導研究部長を務める。

◎——主な著書に『みるみる語彙力がつく！ 魔法の 5 分間英単語テスト』
『少しの工夫で効果 4 倍！ 魔法の英語語彙指導アイデア』
『10 分でしっかり語彙定着！ 魔法の英語音読活動アイデア』
『10 分で入試力アップ！ 魔法の英語自己表現活動アイデア（監修：安河内哲也)』
（すべて明治図書出版）、『中 1 英語でつまずかない 18 のポイント』（文芸社）、『覚
えやすい順番で【7 日間】学び直し中学英語』（すばる舎）などがある。

わかりやすい順番で【10日間】
学び直し高校英語

2020年　11月 28日　第1刷発行

著　　者——岡田 順子
発 行 者——徳留 慶太郎
発 行 所——株式会社すばる舎

　　　　　〒170-0013　東京都豊島区東池袋3-9-7　東池袋織本ビル
　　　　　TEL 03-3981-8651（代表）　03-3981-0767（営業部直通）
　　　　　振替 00140-7-116563
　　　　　URL http://www.subarusya.jp/

印　　刷——株式会社光邦
本文デザイン——次葉
装　　丁——小口 翔平＋須貝 美咲（tobufune）

落丁・乱丁本はお取り替えいたします。
©Junko Okada 2020 Printed in Japan
ISBN978-4-7991-0920-5